산사에서 무예를 배우다

신사에서 무예를 배우다

최종열 지음

새로운사람들

산사에서 무예를 배우다

초판1쇄 인쇄 2006년 1월 20일
초판1쇄 발행 2006년 1월 27일

지은이 최종열
펴낸이 이재욱
펴낸곳 (주)새로운사람들
편집 양경아
디자인 채장열
마케팅·관리 김종림

ⓒ 최종열, 2006

등록일 1994년 10월 27일
등록번호 제2-1825호
주소 서울 동대문구 신설동
    104-22 번지 2층(우 130-812)
전화 2237-3301, 2237-3316
팩시밀리 2237-3389
http://www.ssbooks.co.kr
e-mail/ssbooks@chollian.net
    ebami@korea.com

ISBN 89-8120-298-2 (03810)
*책값은 뒤표지에 씌어 있습니다.

머리말

　옛 성현들은 사람이 살아가며 만나는 인연은 옷깃을 스치든 풍문으로 듣든 책으로 만나든 모두 소중하다고 말한다. 지구별에서 아기로 태어나 세월의 시간을 먹고 제법 어른 티가 나는 사춘기에 접어들면 누구나 막연한 상상이 아니라 현실적으로 삶의 목표를 세우고 자기가 추구하는 길을 찾아 긴 여행을 시작한다. 그 사춘기에 나 또한 내가 가야 할 길을 발견하고 내 의지대로 현재까지 묵묵히 한 길을 걸어왔다. 내가 본능적으로 추구하던 길(道)! 그것은 성인(聖人)의 가르침대로 덕(德)을 갖추고 무술(武術)을 수련하는 길이었다.

　이 책은 필자가 성인의 가르침을 굳게 믿고 올바른 스승님을 만날 수 있도록 기도하며 소망을 이루기 위해 직접 다리품을 팔아 전국 방방곡곡으로 찾아가서 몸으로 직접 부딪치며 수행했던 실천적 삶의 기록이다.

어리석고 답답한 무인(武人)의 말도 안 되는 기록이라고 세인(世人)의 입에 오르내리더라도 나는 개의치 않는다. 나처럼 젊은 시절에 방황하는 수행자가 나의 글에 공감하고 그것을 통해 올바른 스승님을 만나서 참된 수행자로 살아가는 계기가 된다면 현생의 인연으로 여러 스승님들께 가르침을 받은 빚을 조금이라고 갚은 셈이라고 나는 자위한다.

인터넷 정보 세계에 좀더 빨리 눈을 떴다면 경주 함월산 골굴사 시절부터 수련기를 써서 인연되는 이들의 수행에 도움도 주고, 나의 지나온 발자취를 돌아보며 게을러지는 순간마다 스스로에게 경책을 삼았으면 좋았을 것이다. 그런데 인터넷을 알게 된 것이 2001년도였으니 인연이 늦어졌던 셈이다. 그러니까 부산 동래수련원의 제자인 한 교수님이 학교에서 쓰던 중고 컴퓨터를 갖다 주었던 그날부터 매일 서투른 독수리 타법으로 게시판에 수련기를 쓰며 씨 뿌려온 것이 이렇게 책으로 열매 맺기에 이르렀다.

다시 읽어보면 지난날의 내 생활이 마치 파노라마처럼 살아 움직이는 듯한 착각에 빠진다. 제법 세월이 흘렀으니 당시에는 내가 이랬구나 하는 생각에 나의 또 다른 분신을 보는 듯 안타깝기도 하고 한편으로는 그 당시의 어리석음이 부끄럽기도 하다. 하지만 원래 썼던 글에서 지나치게 감정적으로 다루어 상대방에게 상처를 입힐 수 있는 내용만 부드럽게 고치고 나머지는 대체로 썼던 그대로 실었다. 아울러 수행에 방해가 될까 하여 스님의 법명을 다르게 기록한 분도 있다는 사실을 덧붙인다.

이 글은 어차피 지난날의 또 다른 내 모습이니 모자라든 넘치든 과거를 되새기는 색다른 행복이기도 하다. 그래도 좋은 인연으로 눈 밝은 이 시대의 큰 스승님들의 가르침을 책으로 펴내 널리 공유한다는 것은 또 하나의 공덕을 짓는 것이니 이 기쁨은 견줄 바 없이 기꺼운 일이다. 사람이 살아가며 사소한 것조차 뱃속 깊이 찾아드는 소중한 인연임을 알고 스스로 정성을 기

울일 때 자기에게 다가오는 좋은 인연이 이루어진다는 사실을 자각(自覺)할 수 있다면 이런 사람은 참다운 수행 길에 들어섰다고 해도 좋을 것이다.

사람들이 살아가면서 몸과 마음을 다해 실천적으로 노력해야 체득할 수 있는 무술 수행 세계는 받아들이는 사람의 근성에 따라 천차만별로 다른 결과가 나타난다. 특히 현재 살아 계시는 덕 높으신 수행자의 수행 세계를 논하는 글에는 항상 책임감이 따르게 마련이고 특히 거짓된 글을 책으로 출판하여 공개한다는 것은 위험천만한 발상이라 할 수 있다.

이런 우려가 들었지만 부끄러움을 무릅쓰며 과감히 나섰다. 양익 큰스님과 허주 큰스님께 직접 가르침을 받은 내가 두 분 스승님의 수행 세계를 홀로 간직하는 대신 정법(正法)을 바라고 무술을 사랑하는 열정을 가진 후배들에게 조금이라도 좋은 인연의 씨를 뿌려 저마다의 신령스런 기운이 살아나도록 동기 부여를 하고자 책을 내기로 했다.

나는 가르침을 주신 스승님들을 존경하며 후배들을 위하여 스승님들이 나에게 전수하신 정신세계와 무술 수행 세계를 나의 체험인 수행 기록을 통하여 공개한다. 어쩌면 그 놀라운 세계를 물질 만능주의에 젖어 믿음의 힘을 상실한 사람들은 믿지 못할지도 모른다.

나는 감히 말한다! 스승님의 말씀은 거짓이 아니라 후학을 위해 당신이 체득하신 자비로운 가르침이라는 것을. 만약 내가 열심히 수련하여 이런 가르침을 가르침대로 체득할 수 없다면, 또 내가 글로 쓴 내용대로 만인 앞에 떳떳이 보여줄 수 없다면 어떻게 될까? 특히 스승님들께서 직접 보여주지 못하고 열반에라도 드신다면 자기 관념에 사로잡힌 소인배들이 어찌 그 가르침이나 그것을 기록한 내 글을 참이라고 믿으려 하겠는가.

그래서 용단을 내렸다. 스승님들이 정정하게 수행자로 살아 계시고 여기저기 흩어져서 뛰어나게 수행하는 제자 분들이 많을 때 공개해야 거짓이 아님을 밝힐 수 있기 때문이다.

　문무를 겸비한 올바른 스승님을 모시고 현생을 넘어 세세생생 도(道)를 이룰 때까지 정진하고 싶은 사람, 무예를 미치도록 좋아하는 사람, 관법으로 상승 수행을 하고 싶은 사람, 악한 짓을 멀리하고 선한 짓을 좋아하는 사람, 올바른 것을 무기로 재물을 축적하지 않고 만인에게 떳떳이 공개하여 더불어 정도를 가리는 사람, 거짓을 멀리하고 진실을 따르는 사람 들의 마음에 나의 수행 글이 한 알의 씨앗이 되어 정성스럽게 싹틔울 수 있다면 먼 훗날 시절 인연이 도래하여 풍성한 열매가 열릴 것이다.

　나는 묻고 싶다! 왜 불교 경전에 적힌 부처님 같은 성인의 경지나 원효 대사, 서산 대사, 사명 대사처럼 불교를 수행한 수도승들의 이야기를 한낱 스쳐 지나가는 설화나 신화 같은 이야기로만 알거나 아니면 사람으로는 따라갈 수 없는 위대한 경지로만 생각하는가?

　우리가 살고 있는 지금 이 시대에도 수행을 실천적으로 해보지 못한 일반인은 믿지 못할 많은 일들이 산사에서 벌어지고 있다. 많은 사람들이 알지 못할 뿐이지 과거 위대한 고승들이 도력(道力)을 펼쳤던 것보다 조금도 뒤처지지 않는다.

　나보다 연부역강한 후배들이 이 글을 읽는다면 선배로서 부탁한다. 기존의 작은 알음알이로 두껍게 굳어진 자기 관념을 부수고 마음의 문을 활짝 열라는 것을. 흥미로운 이야기로만 읽지 말고 이렇게도 될 수 있구나 하고 긍정적으로 생각하라는 것을. 그래도 믿지 못하겠거든 거만한 마음을 비우고 예절을 갖춘 다음 직접 산사에서 수행 정진하고 계시는 스승님들을 참방하여 정성을 다해 가르침을 구해도 좋을 것이다.

　무술 수행을 통하여 성인의 가르침을 따르려는 수행자들이 내 글을 읽고 무도가 결코 허구가 아니라는 사실을 깨닫는 계기로 삼는다면 나로서는 더 바랄 게 없다. 때로는 웃고 때로는 슬퍼하며 함께 공감하는 가운데 시공을 초월한 성인의 경계를 눈앞에 펼쳐 보이는 실제상황을 통해 눈으로 읽고 믿는 마음을 낼 수도 있겠기에 하는 말이다.

오랫동안 스승이란 거짓 감투를 쓴 자들이 순수한 수행자들 마음에 무책임한 언행의 씨앗을 뿌려 절망과 고뇌의 열매로 상처받게 한 일이 얼마나 많았던가. 이제 마음을 치료받고 금강처럼 굳건한 믿음으로 스스로의 잘못된 수행을 되돌아볼 수 있는 순수한 수행자가 한 명이라도 있다면 수많은 독자들이 나를 비웃더라도 군계일학의 대장부 한 사람을 만드는 데 일조했다는 자부심으로 나 또한 입가에 미소가 떠오를 것이다.

어차피 가진 것 없이 빈손으로 태어난 인생, 희로애락에 휩싸여 고군분투하다가 죽음에 닥쳐서는 모든 것 다 놓아두고 빈손으로 죽는 것이 생명을 가진 삼라만상의 삶이 아닌가! 나의 체험이 어렵고 힘든 이들에게 한 줄기 광명으로 다가가길 부처님께 발원한다.

끝으로 투박하고 방대한 수행글을 맛깔스럽게 다듬어 책으로 내준 〈새로운사람들〉 이재욱 사장님과 직원분들께 감사의 인사를 전한다.

2006년 1월

부산 금강선원에서

善財 최종열 합장

차례

머리말 05

첫째 마당
산사에서 무예를 배우다

운명처럼 다가온 나의 길! 17
무술의 길로 들어서다 20
승려가 되어 수행을 시작하다 25
함월산 골굴사 29
범어사 청련암 금강연수원 37
청련암 금강연수원에 입문하다 43
이 기분, 무어라 표현할 수 없다! 53
불교 금강영관에서 정중동(靜中動) 속의 중(中)은 무심(無心)이다 56
이름도 없다! 형상도 없다! 59
숙련이 중요하다 62
일승형이 제일 어렵다 65
또 다른 경계를 넘어서서 69
눈에는 보이지 않지만 인연의 법칙은 오묘하다 71
기본부터 다시 74
내 몸이 깃털이라 생각하라! 77
큰스님 앞에서 영동행관 4승형을 점검받다 79
감각 기능의 활성화와 자유로움이다 81
긍정적으로 생각하라! 83
기쁨의 고함을 지르다! 86
상대의 행위 속에 나의 모습이 보이다 90
참 수행자에겐 세속적 두려움은 통하지 않는다 92
큰스님, 제자들을 경책하다! 96
내 영혼을 뒤흔든 가르침 99

둘째 마당

백척간두 진일보

기도, 운력, 수련이 모두 수행이다 109
경계에 부딪치면 목숨을 걸어라 112
무술은 홀로 떠나는 여행이다 115
기본 발차기의 원리를 말씀하시다 117
마치 바보처럼, 잘 안 될수록 반복하라! 123
수없이 많은 동작이 나오는 줄 알아야 127
긴장감이 도는 무술 대련 129
상공 연습 중 내가 옳다는 그릇된 경계를 느끼며 133
공덕은 수행의 근본 139
끝이 보이질 않다 144
지금부터 시작이다 146
있지만 실체가 없다 148
아상을 겸손으로 물리쳐야 150
자강불식(自强不息) 153
한 발짝 더 나아가야 한다 155
벽타고 발차기 158
이제 바보가 되어야 함을 느끼며 160
지나온 삶을 회광반조하며 163
전생에서 한 번 더 몸을 바꿔 현생에 태어남을 느끼며 169

셋째 마당 양익 큰스님

홍천 시방원에 계시는 양익 큰스님을 찾아뵙고 175
출가 전에 밤마다 단검술을 수련하다 177
출가 전 무술 수행하던 이야기 184
출가를 하신 이유 191
초창기에 승려로 수행하던 시절 194
비로자나불을 처음으로 만난 인연 200
출가하여 밀교 경전을 만나다 203
불광사 회주 광덕 스님과의 일화 206
금정산 범어사에 금강연수원을 개설한 이유 210
수행자가 가야 할 길 219
양익 큰스님을 친견한 후 225
다시 청련암을 오르며 229

허주 큰스님과 보림선원

넷째 마당

보림선원 소림금강문 입문 233
천년 전의 수행 세상으로 239
허주 큰스님의 예절 242
영적 진화를 위해 스승님을 찾아 나서다 248
허주 큰스님께 언월도를 처음 배우다 252
관운장과 언월도 256
좋아하는 수준에서 진일보하여 미친 경계까지 가야 259
언월도 연무 중 체력의 한계를 느끼며 263
소림무술을 하고 골굴사로 266
끊임없이 연무하고 계신다 268
오로지 행으로 연무를 지도하신다 271
허주 큰스님께 소림쿵푸를 다시 배우며 273
경주 소림금강문에서의 기와 운력 277
한 단계 밖에서 소림 연무를 바라보니 280
울력도 수행이다 284
지금의 모든 것을 사랑하며 288
메주 만들기 293

수행록을 회향하면서 298

첫째 마당
산사에서 무예를 배우다

운명처럼 다가온 나의 길!

나는 오로지 강한 남자가 되고 싶었다. 내 나이 17살, 나는 쿵푸로 무(武)의 세계에 입문하였다. 어떤 무술이든 한 가지만 열심히 배운다면 위험한 순간에 내 몸을 보호할 수 있을 테니 세상을 살아가는 데 꼭 필요할 것 같았다. 나는 무술을 배우면서도 무술이 나의 길이라고 생각한 적은 없었다. 돌이켜 생각해 봐도 인생을 개척할 만큼 진취적인 태도는커녕 온실 속의 화초처럼 어린 시절을 보냈다.

신체조건이나 소질도 운동과 무술을 소화해내기에는 많이 부족하여 여러 번 무술 수련을 중단하기도 했다. 그래서 10대 청소년기에는 무술 감각이 부족한 사람도 쉽게 행할 수 있는 선도(仙道)의 도인 체조나 단전호흡, 보디빌딩에 흥미를 느꼈다.

하지만 20대에 접어들어 운명처럼 다가온 길이 있었다. 입시미술학원에서 그림을 그리다가 휴식시간에 음료수를 사러 가게로 가는 길에 수박도 간판을 보고 수박(手搏)

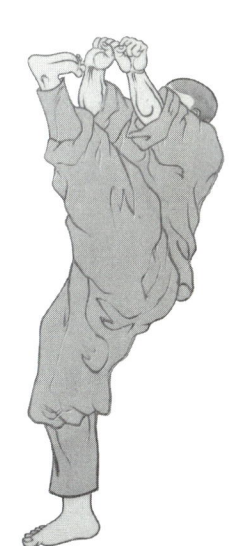

밥 먹고 잠잘 때 빼고 하루 종일 무술만 할 수 있다면 얼마나 좋을까?

이란 어원에 이끌렸다. 다짜고짜 무덕관(武德館) 중앙도장에 들어가 수석사범이셨던 평산(平山) 한치섭 스승님과 상담하고 관원 등록을 했고 그 이튿날부터 수박도를 통해 어릴 때부터 동경하던 무술을 제대로 배울 수 있었다.

  나는 한치섭 스승님을 모시고 수련하면서 비로소 내가 가야 할 길이 무인의 길이며 무술이 내가 찾던 참다운 삶이란 걸 깨달았다. 이것은 모두 오로지 스승님께서 내 마음에 잠자고 있던 무술의 열정이 깨어나도록 정성으로 지도해 주신 결과다.

  그분은 불의와 타협하지 않았고 자신을 엄격하게 채찍질하셨다. 제자들에게도 자만하지 말고 겸손하도록 가르쳤으며 열심히 노력하여 참다운 무인의 길을 갈 수 있도록 수련을 할 때도 고도의 인내력을 요구하셨다. 언행일치와 솔선수범으로 참다운 무도사상을 지도해 주신 스승님의 모습은 한 마디로 내가 바라던 진정한 무인의 표상이었다.

수박도를 배우는 동안 나도 모르게 마음 깊은 곳에서 스승님처럼 대장부답게 무인의 길을 가리라 수없이 다짐하곤 했다. 땀에 젖은 도복을 짜면 물이 줄줄 흘러내릴 정도로 정진하며 스승님께서 언행일치로 보여주시는 참다운 삶의 가치를 마음에 새겼다. 스승님께 배운 것은 훗날 산사로 들어가 야수처럼 온 산을 뛰어다니며 무술을 수행할 때 게으름을 물리칠 수 있는 밑거름이 되었다. 말하자면 스승님은 이때 내가 무도에 정진할 수 있는 자생력을 길러주셨던 셈이다.

한치섭 스승님 덕분에 내 마음 깊은 곳에서 잠자던 무술의 열정이 나 자신도 모르게 되살아났다. 이때부터 오로지 내 눈에 보이는 것은 무술 간판이었고 시간만 나면 새로운 무술을 접하고 싶어 몸살이 날 정도로 자나 깨나 무술 생각뿐이었다.

"밥 먹고 잠잘 때 빼고 하루 종일 무술만 할 수 있다면 얼마나 좋을까?"

나는 다른 어떤 것에도 흥미를 느끼지 못하고 광적(狂的)으로 무술에만 몰두했다. 그때부터 눈에 보이는 무술도장을 찾아가 등록하여 수련했는데 국내 무술은 몇 가지를 빼놓고는 거의 2년 이상 수련해 보았다. 내 방법이란 게 마음이 동하면 바로 몸으로 체험하여 올바른 스승님을 찾는 식이었기 때문이다.

무술의 길로 들어서다

나는 무술을 배우기 시작하면서 자전거를 샀다. 당시 살고 있던 서울 서부이촌동 집에서 새벽 4시에 어김없이 일어나 도시락 두 개를 챙긴 뒤 페달을 밟았다. 자전거는 하체 힘을 키우는 데 더 없이 좋은 도구다. 더욱이 무술 도장으로 가는 시간도 아낄 수 있고 교통비도 절약할 수 있는 일석삼조의 효과를 노렸다. 새벽 댓바람에 자전거를 타고 가장 먼저 찾아가는 곳은 종로3가에 있는 국선도 본원. 새벽 첫 시간과 두 번째 시간에 연속으로 단전호흡 수련을 한 뒤 도시락 하나를 아침으로 먹는다. 다음에는 수박도 중앙도장인 남영동 무덕관에서 일대일로 격하게 수박도를 수련하고 종로3가 청빈서당에서 한문을 공부한 뒤 점심 도시락을 먹는다. 잠시 형님이 운영하는 금속공예회사에서 입체조각을 해 주고 돈암동 미아리고개 시작 무렵에 있는 태무검도관, 종로3가 선무도수련원, 을지로4가 국제 합기도협회 본관, 원효로3가의 유도관, 바로 옆에 있던 격투기 도장을 차례로 순회한다. 마지막으로 수박도 옆 100미터에 있던 국제연맹 합기회 소속인 도장을 들른다. 그렇게 수련하다가 파김치가 되어 집에 오면 새벽 1시를 넘기 일쑤였다.

지금도 잊지 못하는 순간이 딱 두 번 있었다. 한 번은 합기도 수련을 마치고 집에 오려면 자전거를 타야 하는데 발차기 수련을 지나치게 해서 장딴지에 경련이 일었다. 자전거를 타지 못하고 한참동안 장딴지 마사지를 하는데 내면에서 뿌듯한 쾌감이 밀려오는 것이 느껴졌다. 오늘 무술 수련은 제대로 했다는 생각이 든 것이다. 또 한 번은 훗날 일이지만, 골굴사에서 한참 용맹 정진 중에 사제인 진각이와 함월산을 넘고 노루목을 지나 차로 1시간 거리인 토함산 석굴암까지 뛰어갔다가 돌아왔을 때다. 그 때 목적지인 골굴사까지 10리를 남겨두고 장항리 마을까지 와서 장딴지에 경련이 일어나는 바람에 걷지 못하여 저녁 예불시간을 못 맞추었다.

돌이켜보면 항상 주변 사람들은 물론 부모님에게도 무술에 미친놈이란 취급을 당하면서도 체육관 회비가 떨어졌을 때 형님께 조금씩 받아 모아둔 나이 드신 어머니의 용돈까지 졸라서 체육관 회비를 냈던 것이 못내 가슴 아프다. 체육관 회비는 매달 60만 원이 넘었다. 나는 매일 새벽 4시에 일어나 다음날 새벽 1시까지 여러 곳을 내 집 드나들 듯하며 몸 안에서 분출하는 에너지를 쏟아냈다. 그것도 모자라 주말에는 또 문화센터로 택견을 배우러 다녔다.

그러다가 무술을 통해 깨달음을 얻는 불교 금강영관(金剛靈觀) 수행법이 내가 추구하는 길과 일치한다고 느끼면서 불교라는 종교에 심취해 들어갔다. 과연 어느 길이 내가 가야 할 길인가를 두고 고뇌를 거듭하다 마침내 불교 금강영관 수행이 마음에 와 닿아 부모님과 한치섭 스승님 그리고 형제들에게 내 뜻을 편지로 남긴 다음 서울역에서 부산 행 열차를 탔다. 그때가 20대 초반 무렵이었다.

"무술을 통해서도 깨달을 수가 있다면 나는 내 길을 찾아서 가겠습니다. 무술을 통해 깨닫지 못하면 다시는 세상에 돌아오지 않겠습니다."

나름대로 비장한 각오를 다지며 불교 금강영관 총본산이자 무술 실력이 명인의 경계를 넘어 도인이라 칭송이 드높은 양익 큰스님이 계시는 범어사 청련암으로 내려갔다.

하지만 난생 처음 찾아간 산사에서 마주친 수행의 길은 20대 초반의 젊은이가 생각한 것보다 훨씬 험난한 벽이 가로막고 있었다. 책을 통해 불교의 기본적 사상은 알고 있었지만 관악산으로 등산 갔을 때 연주암에서 공짜 점심을 얻어먹은 기억과 중학교 수학여행 때 불국사와 석굴암을 다녀온 기억 외에는 전혀 산사의 생활이나 예절을 접해보지 못했던 나로서는 낯설기 그지없었다.

수줍음을 감추지 못한 채 당대의 도인으로 명성이 자자한 양익 큰스님을 눈앞에서 친견해보니 심신이 얼어버려 큰스님을 스승으로 모시고 수행하기 위해 출가하러 왔다는 말 한 마디가 입에서 떨어지지 않았다. 꿀먹은 벙어리처럼 청련암에서 정진 중이던 거사님과 도량 청소만 묵묵히 했다. 어느덧 저녁이 되어 잠시 방에 들어가 긴장된 마음으로 휴식을 취하고 있는데 예불기도 목탁 소리에 본능적으로 방문을 열고 밖을 내다보다가 마음이 오그라드는 경험을 하게 되었다.

바깥에는 어떤 젊은 스님이 휙휙 귓가를 스치는 산사의 매서운 겨울 바람과 살을 찢는 듯한 추위에도 아랑곳하지 않고 목탁을 치며 노천에 모셔진 대형 지장보살님께 참회 절을 하며 기도를 드리고 있었다. 그 모습을 보면서 내 자신을 돌아보니 구도(求道)의 마음이 너무나 부족하다는 데 생각이 미쳤다. 집 나올 때의 발심(發心)이 정말 하찮았구나 하는 후회가 막심했다.

이렇게 한풀 기가 꺾인 상황에서 젊은 객스님이 다가와 다짜고짜 육두문자를 섞어가며 나를 내칠 때는 정나미가 뚝 떨어졌다. 알고 보니 그 젊은 객스님은 당시 청련암에서 정신병 치료를 받고 있었는데 내가 그걸 알 턱이 없었으니 자연스레 실망이 되었던 것이다.

"승려가 이렇게 기본 예의와 자비심이 없는데 내가 여기서 청춘을 불사를 이유가 있겠는가? 무술 수행이 이렇게 힘든 것인가? 난 자신이 없다! 다시 집으로 돌아가서 취미 정도로 무술을 연마하며 사는 것이 옳겠다."

실망 끝에 집으로 발걸음을 돌렸다. 결국 3일 만에 젊은 날의 출가(出家) 여정을 끝낸것이다. 다시 서울 집으로 돌아온 뒤에 무술 수행과 금형 입체 조각을 하며 젊은 나날을 보냈다.

26살이던 1993년 2월 초에 아버지가 돌아가셨다. 아버지 장례식을 마치고 나는 다시 사람의 삶에 대하여 스스로에게 물어보았다.

"이 나이가 되도록 나는 아직 진정으로 내가 가야 할 무술 수행의 길로 들어서지 못하고 있다. 세상에서 평범하게 살아갈 것인가, 아니면 나의 길을 찾아 떠날 것인가?"

나는 그때 26살이면 무술 수행에서는 막차를 타야 할 시간이라고 생각했던 것이다. 아버지 삼우제를 지내고 난 뒤에 다시 출가하기로 결심했다. 당시 경주 골굴사에서는 양익 큰스님께서 체계화한 불교 금강영관을 선무도란 이름의 불교 무예로 일반인들에게 전수하고 있었다.

밤을 꼬박 지새운 뒤 가족들에게도 알리지 않고 집을 나서는데 어떻게 내가 출가하려는 것을 아셨는지 어머니가 달려 나와 소맷자락을 붙들고 "너 없으면 못 산다. 가지 마라"며 눈물을 흘리셨다. 나는 깜짝 놀라 쿵쾅거리는 심장 소리를 진정시켜야 했지만 겉으로 내색은 하지 않고 짐짓 아무 일도 없는 듯이 말했다.

"가긴 어딜 간다고 그러세요? 늘 하던 대로 일(금형 입체 조각) 마치고 도장에서 무술 수련하다가 들어올 테니 안심하세요."

못 미더워하시는 어머니를 안심시켜 드리려고 어쩔 수 없는 거짓말을 했다. 기회는 또다시 없으리라는 생각이 들었던 것이다. 함께 금형 조각하던 친구에게만 골굴사로 출가하러 간다고 알려주며 이별의 차 한 잔을 나누고는 경주 행 고속버스에 다시 몸을 실었다. 차창 밖으로 스쳐가는 경치를 보며 사내대장부로서 내가 가야 할 길은 오로지 무술을 통해 깨달음을 얻는 것이라고 생각하며 백 번 잘한 선택이라고 마음을 다졌다. 하지만 출가에 실패한 경험도 있었던 터라 속이 편한 것만은 아니었다.

"과연 골굴사에서는 출가에 성공할 수 있을까?"

지나치게 걱정하며 긴장한 탓으로 입안의 침은 점점 말라갔다. 어쨌건 나는 가만히 앉아 수행하는 참선을 통해서는 깨달음을 이룰 자신이 없지만 내가 좋아하는 대로 움직이는 무술을 통해서는 깨달음을 이룰 자신이 있다는 생각이 들었다.

아울러 세속의 욕심을 따라 부귀영화를 누리기 위해 힘들게 기술 배우며 부질없이 살아온 지난 세월이 주마등처럼 눈앞에서 영상으로 펼쳐졌다. 또 형과 힘들게 일한 대가로 마련하여 살던 서울 서부이촌동 아파트가 눈앞에서 신기루처럼 산산이 부서져서 사라져 버리는 신비함을 경험하기도 했다.

그렇게 경주 행 고속버스는 흔들리며 매운 겨울바람을 갈랐다.

승려가 되어 수행을 시작하다

 세속의 인연을 끊고 입산했지만 어머님에 대한 그리움과, 세속에 대한 미련은 쉽게 잊히지 않았다. 나는 골굴사에 입산한 후에도 치열하게 세속의 번뇌를 떨쳐버리려고 애써야 했다. 모든 경계를 넘어가는 일이란 쉽게 이루어지는 것이 없는 법이다. 그런 과정이 지난 다음에야 적운 스님을 은사(恩師)로 삭발을 하고 행자 생활을 시작할 수 있었다.
 지금도 기억이 난다. 더벅머리가 사각사각 면도기에 떨어져 나가던 내 모습이! 나는 삭발하면서 울음은커녕 웃음이 나오고 행자의 옷차림으로 갈아입은 뒤에는 내가 가야 할 길을 찾아 출가한 자신이 너무나 대견스럽고 기뻐서 함월산을 한 바퀴 뛰어다녔다.
 은사님인 적운 스님께서는 절에 들어와 행자가 되면 누구나 부처님께 예불을 올

무술로 성불할 수 있다면 내 모든것을 희생하겠다. 통도사 행자 시절.

릴 수 있어야 하니 한 달 안에 기본 예불을 할 수 있도록 목탁 치는 법을 배우고 염불을 다 외라는 특명을 내렸다. 남보다 암기력이 부족했던 나는 염불을 못 외면 쫓겨날 수도 있다는 위기감에 울력(運力)을 할 때든 화장실에 갈 때든 하루 종일 미친 듯이 소리 내어 경을 읽어 나갔다. 그런 노력 덕에 한 달 만에 목탁 치는 법이 손에 익고 기본 불공예식 염불이 입에서 막히지 않고 나왔다. 한 달 후에 적운 스님 앞에서 목탁을 치며 시험을 보았다. 스님은 흡족하게 웃음을 지으시며 말씀하셨다.

"최 행자, 너는 전생에 중이었나 봐! 내일부터는 최 행자가 법당에서 부처님께 직접 목탁 치고 예불을 하도록 해!"

그렇게 시작한 행자 생활은 잠과의 싸움이었고, 무뎌진 날을 벼리는 시간이었다. 새벽 세시 반에 기상하여 도량석을 하고 종성을 한 다음 새벽 예불을 보았고, 한 시간 명상 수행을 한 후 한 시간 동안 구보로 함월산에 오르며 체력을 단련했다. 아침 공양을 하고 나서 도량 청소를 한 뒤에 정적인 기공관법을 수행하고 기본 불교 예절을 익혔다. 오후에는 울력을 하고 저녁에는 동적인 무술을 연마하며 밤늦게까지 수행을 했다. 두세 시간 잠시 눈 부치는 것으로 피곤을 뛰어넘는 생활이 계속되었다.

"속세의 명문대학도 네 시간 이상 잠자면 갈 수 없다고 하는데 하물며 대도(大道)를 성취하겠다고 가족을 떠나 집을 나온 내가 세 시간 이상 잔다면 도를 이룰 자격이 없다!"

지금도 이렇게 스스로에게 다짐을 했던 기억이 나는데, 본능적으로 쏟아지는 잠을 쫓아 버리는 것이 정말 힘이 들었다.

행자로 6개월 이상 수행해야 예비승 교육을 받을 수 있는 자격이 주어진다. 나는 6개월 이상 골굴사에서 행자 생활을 한 뒤 전국 각 사찰에서 출가한 행자들을 한데 모아 재교육시키는 조계종의 단일행자교육원 5기로 통도사에 입소했다. 오후 불식을 하며 매일 1000배와 통도사 일주문에서 부처님 사리가 모셔져 있는 적멸보궁까지 무릎이 터지도록 3보1배 참회 절을 하며 3주간 기본 예비승려 교육을 받았다. 마지막으로 부처님께 3000배 참회 절을 드린 뒤에 사미승 계를 받았다.

예비승려가 되어 근 2년 동안은 내가 생각해 봐도 그야말로 목숨 걸고 열심히 수행을 했다. 항상 신심이 불타올랐고 단 5분만 시간이 남아도 함월산을 뛰어다니며 무술을 연마했다. 그런데 2년이 경과하면서 입산 초기의 불퇴전의 구도심이 흔들렸고 내가 선택한 무술수행을 빨리 이루려는 조급증을 채우지 못하는 스스로의 아집에 빠져들면서 서서히 수행의 본분에서 멀어져 가는 자신을 발견할 수 있었다. 마치 걷잡을 수 없는 소용돌이처럼 나 자신을 통제하지 못하고 심신은 산산이 부서지며 온갖 수행을 방해하는 마장이 다가왔다.

나는 이 마장을 수행력으로 이겨내지 못했다. 급할수록 돌아가라는 상식적인 해답을 한쪽 귀로 흘려보내고 한치 앞을 분간하지 못하는 불안한 나날을 보내다가 혈기방장한 성격을 제어하지 못하고 결국 사고를 쳤다. 그 바람에 이뤄낸 것 하나 없이 세상으로 밀려나듯 하산하고 말았다.

나는 집으로 돌아와서 1년 반 가까이 인생의 패배자라는 무거운 바위가 마음을 짓누르는 가운데 20년을 보낸 것처럼 살았다. 하지만 그리 살 수는 없었다. 승려가 되려고 모든 것을 버리고 입산하였다가 하산했지만 무술 공부만은 끈을 놓을 수가 없었다. 마음을 다시 다짐하고 일반인의 신분으로 골굴사에 입산하였다.

세상을 살아가는 모든 목숨은 다 같이 숭고하고 소중하다. 나 또한 같은 하늘 아래 숨 쉬며 살아가는 한 수행자에 불과하다.

무식하면 용감하다고 했던가? 지금부터 소중한 내 모든 걸 버리고 한치 앞도 분간 못 하면서 용감하게 산사에 계신 무예 스승님들을 찾아 입산(入山)하여 치열하게 구도 생활을 하던 젊은 수행자 시절을 되짚어 본다.

함월산 골굴사

 경상북도 경주에서 동해안으로 40분쯤 차로 가면 함월산에 위치한 골굴사란 절이 있다.

 인도의 광유 스님께서 천하의 명당 터에 기림사란 대찰을 창건하신 뒤 부속암자로 있던 것을 스승님께서 주석하시면서 일반인에게 기도처와 불가의 비전 수행법인 선무도 포교 도량으로 만들어 대가람으로 변모하고 있는 곳이다.

 골굴사는 주변의 경관이 너무나 신비하고 차로 20분 거리 내에 한국을 대표할 수 있는 국보급 문화재와 관광산업의 보고가 완벽히 갖추어져 있는 곳이다.

 골굴사에 가면 가장 먼저 다가오는 것이 거대한 석회암의 바위인데 크고 작은 동굴로 이루어져 있으며 맨 상단에서 아름다운 미소로 동해안을 바라보는 아미타불을 만날 수 있다. 아미타불 앞에서 기도 후 영정좌관을 수행하면 탁 트인 산사의 경관과 아침에 떠오르는 동해의 일출에서

느껴 보라, 체험해 보라, 산과 내가 둘이 아니다!

파고드는 햇살에 다른 차원의 세상에 들어가는 착각이 들 정도로 장엄하면서 온몸이 환희로 감싸이는 느낌을 받는다.

관세음보살을 모신 자연적인 동굴 법당으로 들어가서 나의 숨소리가 안 들릴 정도로 감각기능을 제어하며 수행을 해 보라! 이것이 고요요 선정이라 말하고 싶다.

지금은 각 동굴마다 부처님을 모셔놨는데 이렇게 거대한 바위 전체가 한 목조 건물이었다니 상상만 하여도 그 웅장함을 엿볼 수 있다. 내가 만약 문화부 장관이라면 골굴사를 옛 문헌 그대로 복원하여 세계에 한국을 알리고 우리 문화를 홍보하는 관광산업의 자산으로 이용할 것이다. 골굴사는 토함산 석굴암보다도 더 유명해질 수 있고 중국의 소림사에 결코 뒤쳐지지 않는 완벽한 문화적 가치를 갖추고 있기 때문이다.

골굴사 뒷산은 험하지 않으면서도 막상 들어가면 숲이 울창하고 깊은 밀림을 연상시키는 산세가 호랑이가 살았다는 사실이 쉽게 믿어질 정도다. 유독 골굴사 주변의 명칭이 호암리, 범바우 등 호랑이의 명칭이 많이 들어간 것으로 미뤄봐서 호랑이가 살았다는 것을 반증하고 있다.

나만 하더라도 새벽 예불 후에 울력이 끝나면 한 번씩 꼭 산을 달리며 구보 훈련을 했는데 노루와 멧돼지, 독사, 지네 등 야생의 짐승과 맹독성 동물이 많아 목숨을 지키기 위해 허리춤에 단검이나 흑단목검을 들고 긴장하면서 수련하던 생각이 난다.

자연이 인간에게 베풀어주는 천혜의 조건을 갖춘 함월산에서 천천히 오르막으로 시작하여 꾸불꾸불 완만한 곡선으로 뛰어가다가 급속히 낮아지는 지점과 급속히 오르막으로 펼쳐지는 산세를 따라 옷을 벗고 전력질주하며 뛰어 보라!

내리막길을 뛸 때면 경사진 면에서 가속도가 붙어 발이 따라갈 수 없을 정도로 몸이 붕 뜨는 것을 체험할 수 있다. 이때 정신을 잠시만 놓으면 험악한 낭떠러지로 떨어져 몸을 크게 다치는 낭패를 당할 수도 있다.

급속히 높아지는 지점을 전력질주로 뛰어올라가 보라! 체력이 급속히 떨어지며 호흡이 가빠지고 가슴이 터져나가는 고통과 저절로 혀를 빼물게 하는 자연적인 몸의 반응에 다른 생각이 들어올 틈을 허락하지 않는다.

느껴 보라, 체험해 보라, 산과 내가 둘이 아니다.

숨이 차오르면 "야호"라고 소리치기보다 맹수가 울부짖듯 마음껏 소리쳐 보라. 막혔던 모든 것이 산산이 부서지는 듯하고 마음속이 텅 빈다. 그 고요와 평온에 산에게 감사하며 평생 산에서 살고 싶은 마음이 든다.

자기의 체력에 맞추어 산에서 수행할 수 있는 조건이 골굴사처럼 완벽하게 갖추어진 곳을 나는 아직 보지 못했다. 골굴사에서 20리 정도만 달리면 기림사가 있는데 뒷길로 10리쯤 따라 올라가면 도통골이라는 곳이 나온다. 옛날에는 경주 시내로 가려면 이곳을 거쳐야 갈 수 있었는데 다른 쪽으로 길이 생기는 바람에 현재는 인적이 끊어졌다.

주변에는 관음폭포도 있고 사찰 터 흔적이 여러 곳에 남아있는데 이곳 명칭을 도통골이라 한다.

명칭 그대로 도가 통한 분들이 많이 나올법한 뛰어난 경관을 간직한 곳이다. 병풍으로 돌려놓은 듯 산들이 둘러서 있는데 작고 굽은 오솔길을 계속 올라가면 탁 트인 곳에 사람이 살지 않는 인가 세 채가 있다.

일반인들은 깊은 산중에 이런 고요한 마을이 있는 줄도 모른다.

하루종일 있어야 도통골에 밭 농사짓는 마을사람 한분을 멀리서 볼 뿐. 전기도 들어오지 않는 인적이 뚝 끊어진 곳이다.

인생은 도전하는 자가 열 수 있다.

첫째 마당 산사에서 무예를 배우다

인가 세 채중 한 채를 총림사찰 선원장으로 계시는 백운 큰스님이 토굴로 사용하였다.

스님들이 용맹정진하는 동안거와 하안거수행을 마치고 큰스님은 바람처럼 만행을 오셔서 틈틈이 한 달씩 토굴로 사용하다 가곤 하셨다.

나는 골굴사에서 수행하면서 일년에 한번 여름에 열흘간의 식량을 가지고 이곳 도통골에 들어와 홀로 무술과 명상수행을 하고 가곤 했는데 한번은 낮에 비가 세차게 내렸다.

비가 내린다고 무술수련을 안할 수도 없는 것이라 세차게 비가 내리는 토굴 마당 가운데 온몸이 흙투성이가 되어 동적인 무술삼매에 빠져 정진하는 내 모습을 우연히 건너편 토굴에서 참선중인 스님께서 보시고는 나에게 다가와 말을 건네었다.

"허허… 거사님 그렇게 무술이 좋으십니까? 나도 산에서 오랫동안 수행하며 무술 수련하는 사람을 많이 보았지만 인적이 끊어진 이런 깊은 골짜기에 쏟아지는 폭우속에서 무술하는 젊은 분은 오늘 처음 봤습니다. 성불하겠다고 출가한 승려들도 총림선원에 가보면 죽기 아니면 살기로 목숨 내놓고 독하게 정진하는 승려들은 손에 꼽을 정도로 적은 것이 현실인데… 허허허… 거사같은 근기를 가진 젊은이들이 출가하여 승려의 길을 가야하는데, 이거 나 때문에 무술수련도 못하고 괜히 찾아와 방해를 해서 미안합니다" 하신다.

스님이 오셨기에 잠시 하던 무술을 멈추고 평소에 궁금하던 것을 스님께 여쭈어 보았다.

"스님께서는 인과가 보이십니까?"

"인과가 정확히 보이지요. 수행자가 공부를 안 하니 인과를 못 보고 믿지 않기 때문에 정진을 하지 않는 겁니다. 인과가 보이면 잘못된 인연을 만들 수가 없고 공부를 안 할 수가 없지요. …거사님은 해운정사 진제 큰스님 문하로 들어가서 승려 생활하면 공부 잘하시겠는데 다른 데 가지 말고 근대 선지식인 진제 스님 문하로 출가하세요."

얘기 끝에 나에게 강력히 출가를 권하셨던 것이 기억나기도 한다.

또 자동차로 15분 정도 가면 수중 문무왕릉이 있는 바다가 나오는데 특히 동해 일출이 장관이다. 거친 파도가 치면서 물안개가 피어오르는 순간에 영정입관을 해 보라! 정(靜) 속에 동(動)이 흐름을 확연히 느낄 수 있고 자연의 움직임에 나를 내세우는 인간이 얼마나 어리석은 존재인가를 알게 될 것이다. 문무왕의 아들이 지었다는 감은사지 탑은 신라인의 기상을 엿볼 수 있고 용이 드나들 수 있게 통로를 만들어놓은 것을 보면 불교 신앙의 힘과 나라의 힘이 강력했음을 알 수 있다.

골굴사 뒷산 이름이 달을 머금었다는 함월산이고 뒤쪽에 크게 산맥을 이룬 산이 토함산이다. 말 그대로 달을 토해낸 그 유명한 산이다. 골굴사에서 산을 여러 개 넘고 석굴암까지 2시간 걸려 뛰어가서 석굴암 일주문 관리하시는 분들에게 말했다.

"저는 골굴사에서 수행하는 사람으로 수련 차 이곳까지 뛰어왔습니다. 석굴암 부처님께 인사하려고 하니 요금은 받지 마시고 들어가게 해 주세요."

"에이, 젊은 분이 거짓말은… 골굴사에서 이곳 석굴암까지 차로도 1시간 거리인데 거짓말하지 마세요. 거리가 얼마나 먼데 뛰어서 오다니 말도 안 되는 이야기는 하지도 마세요."

관리인이 어이가 없다는 듯 이렇게 대꾸하며 웃는다. 믿지 않으니 나도 따라 웃을 수밖에 없다.

석굴암 밑에는 장항사지 터가 있는데 눈길을 사로잡는 것은 금강역사상이 힘 있게 조각되어 있는 거대한 석탑이다. 석탑의 크기로 절의 크기를 짐작할 수 있는데 아마도 석굴암을 능가하였을 것으로 추정된다고 문화재 관리인들은 말한다.

　이렇듯 골굴사는 동과 정을 포함하는 수행 무술을 배우는 데 천연의 조건을 갖췄다. 하지만 아무리 좋은 곳에서 수련을 한다 해도, 열심히 정진하겠다는 스스로의 서원과 부지런함이 꼭 수반되어야 하는 것은 물론이고 기본에서 수만 가지로 뻗어나가는 무술 원리를 이해해야 수승된 수련을 체험할 수 있음을 명심하여야 한다. 나는 한 마디 더 덧붙이고 싶다.

　"인생은 도전하는 자가 열 수 있다."

범어사 청련암 금강연수원

　불가에서 몸과 마음을 닦는 무승(武僧)들 가운데 무덕을 갖추고 불법 수행력이 수승한 스승님으로 섬길 만한 스님이 세 분 계시다는 것은 무술에 관심이 많은 장년의 승려들 세계에서는 다 아는 이야기다. 한 시대를 풍미하는 무술 명인으로 자타가 공인하는 분들은 바로 금정산 범어사 청련암에 주석 중인 양익 큰스님, 진주 금선암 종인 큰스님, 경주 보림선원 허주 큰스님이시다.

　세 분 가운데 양익 큰스님은 승려 제자들이 가장 많고 무예의 강성을 띠는 대금강승문(大金剛乘門)으로 불교 금강영관이란 독특한 무술이 포함되어 있는 수행법을 지도하신다. 그래서 금강연수원은 그만큼 일화도 많은 한국 불교 무술의 본산인 셈이다.

　속세에서 나름대로 한 무술 한다는 소리를 듣던 많은 무승(武僧)들이 양익 큰스님의 명성을 듣고 입문하여 청련암에서 혹독한 무술 수행을 방편삼아 용맹 정진을 해왔다. 특히 큰스님의 도력은 철저한 기도와 참회, 불보살님의 가피로써 영적인 세계 역시 또 다른 차원의 세계로 들어가신 분이고 남을 위하는 수행력도 크다고 들었다.

승려라면 당연한 일이지만 특히 큰스님은 남에게 해가 되는 것을 싫어하신다. 예를 들어 병기술 자체가 남에게 해를 줄 수 있다고 하여 제자들에게 지도하시지 않는다. 당신의 순수한 수행력으로 기선을 제압하는 선에서 모든 일을 해결하신다는 것은 소문난 이야기다. 청련암에 가 보면 기도 염불이 끊이지 않고 신도나 제자들이 큰스님을 정신적 기둥으로 진실하게 존경하고 따르는 것을 볼 수 있다. 이런 분이니 어찌 일화가 없으랴.

이 이야기는 상좌 청구 스님이 홍천 시방원 불사 중 큰스님께 들은 말씀을 아저씨에게 확인한 다음 내게 얘기해 준 것이다.

(큰스님은 19세 시절부터 보통 사람 키의 시골집 담장을 가볍게 뛰어 넘었다고 한다.)

어느 날 슈퍼 아저씨가 큰스님께 발차기를 한번 보여 달라고 하니까 큰스님이 바로 온몸을 공중에 띄워서 양발로 천정을 가볍게 걸어차고 바닥에 떨어지는데 마치 종이가 떨어지듯 소리가 나지 않더란다. 그 당시부터 홍천에서 힘깨나 쓰는 이들은 큰스님 명성을 듣고 무술을 배우러 모여들었다고 한다.

동래수련원에서 새벽 수련 중인 범어사의 독실한 60대 신도에게 들은 얘기도 있다.

"비구승과 대처승이 분쟁하던 조계종단 초창기에 범어사로 기도를 하러 오르다가 일촉즉발의 상황을 보게 되었지. 말 그대로 날아서 이단 옆차기를 하더군. 범어사 스님들이 무술 잘한다는 소문은 익히 들었지만 직접 눈앞에서 벌어지는 상황을 보니 믿기가 어려웠어. 소림사 영화에서나 봤지, 그런 장면을 어디서 볼 수 있었겠나."

또한 큰스님 제자인 청일 스님에게 들은 이야기도 그대로다.

"큰스님께서 젊은 시절에 도반 스님과 어느 식당에 들어가서 공양을 하는데 손님으로 왔던 장정 여섯 명이 시비를 걸었대. 양익 큰스님께서 도반 스님보고 잠시 뒷골목으로 먼저 가 있으라고 해서 도반 스님은 큰스님 시키는 대로 골목으로 가게 되었는데, 큰스님이 어떻게 대처하시나 하는 호기심으로 숨어서 상황을 지켜보았대. 식당 앞에서 장정 여섯 명이 큰스님을 빙 둘러 서 있는데 큰스님께서 전광석화처럼 공중으로 뛰어올라 바닥에 몸을 닿지 않고 신형을 바꾸며 연속 공중발차기로 여섯 명을 순식간에 쓰러뜨려 버리더라는 거야."

하기야 큰스님의 일화는 부산이나 홍천에 사는 분들 가운데 무술에 관심을 가진 장년층 이상에게는 많이 알려진 내용이었다.

또한 큰스님께서 부여 고란사란 절에 잠시 머물러 수행하고 계실 때의 일화도 있다. 그때는 종단 사찰정화로 시끄럽던 시절인지라 150여 명의 폭력배가 동원되어 고란사 절을 점거하려고 들이닥친 것을 큰스님께서 폭력을 쓰지 않고 단독으로 나서서 법력으로 150여 명을 물리친 이야기는 하나의 전설로 내려오고 있다.

큰스님께서 홀로 불교 수행의 방편으로 범어사에서 무술에 정진하시던 때 범어사 일주문을 뛰어오르고 범어사 대웅전 추녀 끝을 차고 내려온 일, 좌선 중 1미터를 공중 부양하여 직선으로 1미터 이동한 일, 가부좌 상태에서 3미터나 솟구쳐 몸을 자유자재로 움직이며 발차기를 하신

선찰대본산 금정산 범어사

일도 있었다고 한다. 지프차를 뛰어넘거나 창문을 열어놓고 통과한 일 등은 곁에 앉아 수련하는 것을 본 분들이 실제로 목격한 사실이다.

  나는 골굴사에서 선무도를 수련 중일 때 나름대로 수족 단련의 필요성을 느끼고, 금강연수원 시절 격파에 일가를 이루었다는 적운 스님께 단련하는 방법을 가르쳐 달라고 졸랐다. 적운 스님의 가르침대로 야외 단련 장에서 소나무에 새끼줄을 감아 하루에 천 번씩 손날, 정권, 팔굽, 장, 팔뚝으로 치고 지프 폐타이어 3개를 한데 묶어 백을 만들어 발로 차며 단련을 했다. 하지만 맨손을 단련하면서 살갗이 벗겨지고 상처가 덧나며 뼛속 깊이 전달되는 통증이 문제였다. 가볍게 외부에 닿기만 해도 통증은 신경을 따라 전기처럼 흘렀다.

"단련이란 젊을 때 잠시 거쳐 가는 과정이야. 지나치게 단련하면 3년 천하로 끝나고 그 이후 단련 후유증으로 나이가 들어 죽을 때까지 통증이 수반된 인과의 연속으로 괴로울 거야. 적당히 단련하고 머리로 공부하는 것이 좋아."

하지만 스승님의 이런 권유 말씀을 뿌리치고 비록 3년 천하로 끝날지라도 스스로 만족할 만큼 수족 단련을 하고 싶었다. 물론 이렇게 객기를 부렸다가 통증으로 몸만 망가지는 것은 아닐까 하고 고뇌하며 갈등했다.

청련암 금강연수원에서 수련할 때 청언 스님과의 대화가 떠오른다.

"큰스님은 거짓말을 싫어하세요. 혹시라도 상대방 마음을 환하게 볼 수 있는 큰스님을 몰라보고 앞에서 거짓말을 하면 주먹으로 바로 혼을 내셨어요."

"큰스님께 한 대 맞으면 안 아파요?"

농담조의 내 반문에 대한 청언 스님은 이렇게 말씀하셨다.

"큰스님 주먹은 큰 바위를 치면 쿵쿵 울릴 정도로 파워가 있어요. 당신께서는 진실하게 수련하기를 원하셔서 잘못된 업력을 쳐주느라 그러셨는데 경책삼아 맞을 때는 오히려 원망하는 마음보다 올바른 가르침을 주시는 큰스님께 사랑을 느꼈어요."

그러면서 큰스님의 단련법을 말씀해 주셨다.

"큰스님은 정권을 단련하실 때 손이 마비가 오더라도 멈추지 않고 육체가 부서지도록 계속 쳤다고 하셨어요. 처음엔 정권을 시작으로 팔목, 팔굽, 어깨까지 신경통 같은 통증과 마비가 오는데 멈추지 않고 계속 단련하니까 나중에 어깨를 지나서 통증과 마비가 풀어지고 그 다음부터는 어떤 강한 돌도 치는 대로 부서지더라고… 큰 콘크리트도 쿵쿵 울릴 정도로 강하게 치며 단련하셨어요."

이런 말씀에 이루 말할 수 없는 아쉬움이 고개를 들고 슬며시 탄식이 나온다.

"한참 무술에 미쳐 몸도 돌보지 않고 단련하던 20대 중반의 골굴사 수행 시절에 이 이야기를 들었다면 더욱 더 열심히 단련했을 텐데…."

한 마디로 큰스님의 수행은 판소리를 하시는 분들이 득음의 경지에 이를 때까지 모진 난관을 감수하며 일념으로 용맹정진한다는 내용과 일치하였다.

청련암 금강연수원에 입문하다

　불교 금강영관의 수행법을 일반인에게 건강과 수행의 방편으로 한 단계 쉽게 풀이한 것이 선무도(禪武道)다. 오랜 기간 골굴사에서 적운 스님께 선무도를 배우면서 목마른 듯 조금 더 강하게 수련하는 방향을 탐구하기도 했다. 나는 스승님이 선무도를 쉽게 풀이하여 대중에게 포교하며 다가서려고 하시는 것을 좀 부정적으로 생각하였다.

　항상 나는 강함을 추구해 왔다. 기존 틀을 만들어 변형시키기보다 단순하고 강력한 원형을 수련하고 싶었다. 이유 불문하고 어떻게 하든지 상승 무술 수련을 체득하는 것이 내가 원하던 길이었다. 나와 가치관이 다르다면 누구든 인정하지 않고 내 생각이 옳다는 아집이 나를 지배했기 때문에 일반인들의 근기에 맞게 쉬운 방향으로 변형하여 불교 포교의 방편으로 선무도를 지도하시는 스승님의 방법은 올바른 지도법이 아니라고 생각했던 것이다.

그래서 더욱 선무도의 뿌리인 범어사 청련암을 그리워하고 입산하여 강하게 수련하고픈 열정이 타오르지 않았나 싶다.

내가 골굴사에서 수련하던 1990년대에는 이상하게도 오랫동안 무술을 수련하는 이가 드물었다. 2년을 함께 넘긴 사제가 진각이 한 사람뿐이었고 대개 1년을 넘기지 못한 채 하산해 버렸다. 나를 이끌어주는 강력한 무술 도반의 인연이 약해서 아까운 시간을 많이 방황했다는 생각이 든다. 내가 상근기라면 하나에서 모든 걸 풀어 헤치겠지만 하근기라서 스승님이 아무리 좋은 인연의 끈을 만들어줘도 이해를 하지 못하는 어리석음을 나타내곤 하였다.

한참 수행이 진보되지 않고 얽히고설킨 숙세의 업보 마장만 다가올 무렵 금강연수원 6기생 모집 소식을 인편으로 전해 들었다. 특히 젊은 스님들이 용맹정진한다는 소식에 골굴사에서 열심히 수련하던 선무도의 정진력마저 놓치고 오로지 청련암으로 가야 한다는 생각에 수행자의 본분을 망각한 채 몇 년을 퇴보하는 업력만이 나를 지배했다.

결국 청련암에도 가지 못하고 중요한 내 인생의 황금기를 하산, 입산을 반복하며 방황을 거듭한 끝에 1998년 2월 15일, 꿈에도 바라던 골굴사 선무도 대금강문 전 과정인 영동행관 3승형까지 수료한 뒤 스승님으로부터 법사란 칭호와 선무도 전수첩을 받았다. 이제 수련을 다 마쳤으니 열심히 제자를 키우는 일만 남았다는 생각이 들었다. "고생 끝! 행복 시작!"이란 단순한 마음으로 부산 금정구에 있는 골굴사 부산포교원 원장으로 발령받아 평범한 세월을 보내던 어느 날, 청련암 금강연수원 6기 출신인 청찬 스님이 방문하여 이런 말을 했다.

"청련암에서는 현재 승형보다는 발차기 수련을 많이 합니다. 나도 오래전에 3승형을 배웠는데 시간이 흐르니 길이 가물가물합니다. 이곳 법사님이 선배인 적운 스님께 3승형을 수료했고 잘한다는 소문을 들어 잊어버렸던 3승형 길 좀 찾으려고 왔습니다."

이것도 인연이라 생각하고 나도 몇 달 동안 하지 않아 조금 잊어버린 영동행관 3승형을 같이 연무하면서 청련암 발차기는 어떨까 하는 반(半)호기심도 들고 잘해야 얼마나 잘하겠나 하는 생각도 들어 대수롭지 않게 청찬 스님께 부탁을 했다.

"스님, 들리는 소문에 청련암에서 수련하시는 스님들이 무술 잘한다고 하던데 스님께서 평소 하던 발차기를 한번 보여주실 수 있으세요?"

"발차기요? 오랫동안 안 해서 잘 될지 모르겠네."

청찬 스님은 이렇게 말하더니 가볍게 몸을 풀고 깊숙한 자세를 잡은 다음 연속 공중 뒤차기를 좌우로 3번씩 하고 가볍게 착지하는 게 아닌가!

지금도 마찬가지지만 나는 성격이 아주 단순해서 잘하는 건 잘한다, 못하는 건 못한다고 분명히 말하는 버릇이 있다. 그래도 명색이 무술 경력 10여 년에 골굴사에서 용맹정진을 6년 정도 했고 내 실력이 최고라며 자존심을 세우던 나는 그날 밤을 하얗게 지새웠다.

"똑같이 절밥 먹고 열심히 수련했는데 왜 이리 무술 실력에 차이가 날까?"

내가 최고라고 생각하던 아만심이 산산이 부서지며 스스로의 무술 실력에 분노와 충격을 체험하였다. 그 다음날부터 매일 3승형을 수련하러 오시는 청찬 스님의 발차기 기법을 배우기 위해 몹시 귀찮게 질문하고 졸라서 나는 인생의 새로운 전기를 마련하였다.

재삼 숙고하여 어떻게 하든지 청련암에 가서 무술을 해야겠다는 결심을 굳히고 먼저 경주 골굴사 적운 스님께 찾아가 정식으로 말씀을 드

똑같이 절밥 먹고 열심히 수련했는데 왜 이리 무술 실력에 차이가 날까?

렀다.

"스승님! 제가 골굴사에 입산하여 선무도 대금강문 수련을 마치고 인가를 받았으나 부산의 포교당에서 경주까지 오기도 힘들고 가까운 곳에 사조님인 양익 큰스님이 계시는 범어사 청련암이 있으니 매일 거기 올라가 큰스님을 비롯한 대중 스님들께 무술 지도를 더 받고 싶습니다. 더욱 더 용맹정진하며 선무도를 수련하고 싶으니 스승님께서 허락하여 주십시오."

이렇게 건의를 드렸더니 그동안 "선무도 대금강문 마지막 단계인 3승형이 끝날 때까지는 그 누구도 내 허락 없이는 청련암에 갈 수 없다!"고

반대하셨던 스승님께서 흔쾌한 허락을 해 주셨다.

"그래, 최 법사 마음이 그렇게 굳건하다면 내가 청련암에 가서 큰스님과 사제들에게 잘 소개해 줄 테니 골굴사에서 용맹정진하던 것처럼 열심히 수련하도록 해!"

혹시나 허락하시지 않으면 어떻게 하나 하고 걱정했는데 막상 허락을 받고 보니 심신이 한결 가벼워졌다. 붕 뜨는 기분을 가득 안고 이튿날로 당장 청련암의 양익 큰스님께 찾아가 정식 삼배의 예를 올리고 찾아온 이유를 말씀드렸다.

"큰스님, 저는 골굴사에서 적운 스님을 스승님으로 모시고 영동행관 3승형을 수료하고 현재 부산식물원 앞에서 골굴사 포교당을 운영하고 있습니다. 오늘 큰스님을 찾아온 뜻은 매일 오전에 큰스님 문하에서 불교 금강영관 수행을 지도받고 싶어서입니다."

내 말에 큰스님께서 고개를 끄덕이시더니 물어오셨다.

"적운 스님 허락은 받았나?"

"예, 큰스님! 적운 스님께 정식 허락을 받았습니다."

"그래, 이곳은 일반 재가자들에게는 허락하지 않지만 최 법사는 골굴사에 입산하여 예비승려 생활도 했으니 오전 수련 시간에 맞춰 청련암에 올라와 열심히 수련하도록 해. 내가 대중 스님들에게 말해 놓을 테니 누가 다른 말을 하면 내 허락 받았다고 해."

큰스님 말씀 한 마디에 "허락하시지 않으면 어떻게 해야 하나?" 했던 수많은 번뇌가 땀이 되어 등줄기를 타고 흐르면서 긴장으로 꽁꽁 얼어버렸던 심신이 산산이 부서지며 "휴~우" 하는 안도의 한숨이 나도 모르게 터져 나왔다. 큰스님을 뵙고 나서 대중 스님들께 돌아가며 허락을 받으려고 하니 청연 스님께서 다가와 한 말씀 하신다.

"이것 보세요, 거사님! 큰스님 뵙기 전에 대중 스님의 수장격인 입승 스님께 허락을 받은 후에 대중 스님들의 회의를 거쳐서 검증받은 후 입승 스님이 큰스님께 보고하여 큰스님을 친견하는 걸 모르십니까? 아무리 가족 같은 골굴사 출신이지만 예의를 모르시는군요."

스님의 높은 언성을 들으며 나도 모르게 "아차, 내가 실수했구나!" 생각하고 머리를 조아리며 정중히 사과를 드렸다.

"스님, 죄송합니다. 제가 절집 법도를 모르고 큰 잘못을 했습니다. 용서하여 주십시오."

"다음부터는 그러지 마세요."

내가 사죄를 하자 기분을 조금 누그러뜨린 청연 스님이 입승 스님인 안도 스님께 나를 데려가서 자초지종을 말한 후 허락을 얻어 주었다. 그리고 대중 스님들인 청언 스님, 청영 스님, 청남 스님, 청하 스님, 청호 스님께 차례로 3배의 불교 예절로 큰절을 올리며 자초지종 설명을 하고 일일이 승낙을 받은 후에야 이튿날부터 청련암 금강연수원에서 불교 금강영관 수행을 할 수 있었다.

처음 금강연수원에 들어서니 묵직한 침묵만이 흐르는 가운데 냉랭한 기운이 감돌며 누구 하나 입을 떼지 않았다. 일찍 도장 청소를 해놓고 8시부터 30분간 몸을 풀고 있다가 30분이 되자 시작하라는 상임 스님의, "탁, 탁, 탁" 3번 두드리는 죽비소리가 들렸다. 10분 정도 수련을 하고 있으니 상단 문이 열리며 양익 큰스님께서 들어오셨다. 그러자 제각기 무술을 연마하던 대중 스님들이 하던 동작을 멈추고 일제히 그 자리에 서서 큰스님을 향해 공손히 90도 합장 반배의 예를 올린다. 큰스님께서 계단을 밟고 앵글로 책상처럼 만든 상단에 근엄하게 좌정하신 다음에는 대중 스님들이 더욱 더 긴장된 모습으로 일제히 고난도의 동공수련으로

"자기가 원하는 길을 찾아 쉬지말고 정진하라!"

들어가는 것이었다.

 청련암에서 처음 수련할 때 나의 시선을 강하게 사로잡은 것은 스님들의 실력과 자유분방하면서도 너무나 정성스럽게 수련하는 모습이었다. 땀이 흐르자 청하 스님이 입고 있던 웃옷을 벗어버리는 것도 그러려니와 조금 지나니 거의 대부분 스님들이 상의를 다 벗어버리고 마치 무술에 미친 사람처럼 고난도의 행공을 하는 것도 깜짝 놀랄 일이었다. 틀에 얽매이지 않고 자기 나름대로의 느낌과 세계를 몸으로 표현하며 수련했지만 강력한 파워를 구사하는 발차기가 얼마나 빠르던지, 방금 무엇을 찼는지 내 눈에는 전혀 보이질 않아 상당한 충격을 받았다.

 칠순을 바라보는 나이에도 수행 중 잘못된 것이 있으면 호통을 치시는 큰스님의 말씀을 하나라도 놓칠세라, 나이가 30대 초반부터 40대 초반에 이르는 무술 달인들인 대중 스님들이 하던 동작을 멈추고 귀를 쫑긋 세웠다. 진지하게 큰스님의 가르침을 경청하는 모습은 영화로나 보고 무협지에서나 읽던 믿지 못할 상황이었다. 눈앞에서 펼쳐지는 광경에 한두 마디 말로는 표현하지 못할 감동이 밀려왔다.

금강연수원의 수련 방식은 고정된 틀에 따라 동시에 함께 움직이는 것이 아니라 스스로 목표를 향해 없는 길을 만들어서 찾아가는 방법이었다. 고기를 잡아 주는 것이 아니라 "스스로 잡아라!" 하는 식이었고 못 잡으면 바로 굶어야 하는 냉철한 야생의 세계였다.

급하고 냉철한 성격으로 비쳐졌던 골굴사 시절의 스승님을 보고 "스님이 왜 이리 자비가 안 느껴지고 전쟁에서 싸우는 장수의 기품이 흐르는 것인가?" 하고 이해하지 못했던 것이 그냥 눈 녹듯 사라지는 순간이었다. 평소에 스님이란, 부처님 가르침을 따라 수행하며 욕심을 버리고 가난하게 살고 어떠한 상황도 참아낼 인내력으로 모든 이들에게 자비로운 마음을 전달해주시는 분인 줄만 알았기 때문인데, 금강연수원의 수련 방식을 보고 비로소 이해를 할 수 있었다.

합장 반배로 시작하여 두 줄로 쭉 서서 깊게 앉아 수련하는 방법도 처음 보고 호기심 반 놀람 반으로 긴장되었는데 시간이 흐를수록 격렬해지는 무술 기법은 새로운 세상에 발길을 들여놓은 기분과 함께 나도 모르게 내 심장 박동 소리가 들리는 것을 경험하였다.

청영 스님의 화려하면서 파워 넘치는 공중 6번 발차기. 금강연수원 수련장을 반이나 공중 떠서 뛰어들며 연속으로 공중 걷듯이 앞차며 발이 날아오는데 마지막 6번째의 족기가 체형을 바꿔서 옆차기로 샌드백에 꽂히며 샌드백이 흔들리는 파워가 나의 마음을 뒤흔들어 버렸다.

청하 스님이 벽 차오르고 공중 돌면서 체중 실어 양발이 연속으로 백을 차는 파워에도 감동했고 안도 스님이 무거운 체중에도 자유자재로 날아오르며 내지른 앞 돌려차기에 맞아 종이처럼 흔들리는 백을 보면서도 온몸에 소름이 돋았다. 청연 스님의 체중 실어 뒤돌려 차는 외회족 또한 일품이었다. 또한 일반인으로 청련암에 입산하여 1년째 정진하는 거사가 상체를 완전히 뉘며 깊게 지르듯 차는 앞차기가 기존 골굴사에서는 전혀 접하지 못한 무술 동작으로 놀라웠다.

불현듯 금강연수원 2기 출신인 쿵푸 달인 청일 스님께서 하신 말씀이 생각났다.

"양익 큰스님의 무술은 너무 강해! 수련 방식이 제일 잘하는 상근기에 기준을 맞추고 무지막지하게 시켜버리니까… 기본이 부족할 경우 아무리 건강한 무술인도 금강영관 6개월만 하면 손발이 탈골되거나 부러지고 수족 단련 후유증으로 반병신이 다 된다니까."

그제야 이해할 수 있었다. 골굴사 적운 스님이 고뇌하던 이유를. 말하자면 청련암은 기본 공식을 가르쳐주고 스스로 응용해서 풀어나가도록 동기만 부여할 뿐이었다. 골굴사처럼 세세하게 배우는 사람의 근기에 맞춰 초보자를 기준 삼아 단계적으로 지도하는 체계가 아예 없었다.

그나마 나는 홀로 정진할 수 있는 기본 무술 수련을 스승님께 정식으로 배웠던지라 금강연수원 대중 스님들의 무술 동작에서 나에게 부족한 동작과 기존의 잘못된 방법을 분석하여 스스로 진보된 수행을 할 수 있었다.

나는 청련암에서 수련을 하며 내가 최고라는 자만심과 이제 수행은 그만하고 제자나 키우며 편안하게 살아가자는 방일한 게으름을 걷어냈다. 그 대신 "다시 수행하자"는 분심이 들고 새롭게 정진해야겠다는 마음이 일어났다.

　만약 내가 골굴사 스승님 밑에서 끝까지 선무도를 수료하지 못하고 나왔다면 이런 인연을 가꾸어 나갈 수 있는 힘이 부족하여 도중하차하고 말았으리라. 끝까지 골굴사에서 3승형을 수료하게끔 도와주시고 청련암에서 정진하도록 이끌어주신 적운 스님께 감사할 뿐이다.

이 기분, 무어라 표현할 수 없다!

청련암의 양익 큰스님께서 동적 무술에 해당되는 영동행관 4승형을 지도하시며 말씀하신다.

"다음 동작은 뒤로 공중회전하며 그대로 다리 벌려 떨어지는 동작을 해 봐!"

큰스님의 말씀이 끝나기 무섭게 온 대중 스님들의 시선이 나에게 쏠린다. 옆 돌기를 하여 반동을 주며 뒤로 공중회전을 하는 것과 벽타고 오르며 뒤로 공중회전을 하는 것은 청련암에서 수행하는 스님이라면 완벽하게 다 하신다. 특히 오래전에 금강연수원을 수료한 선배스님들은 기계체조를 완벽히 구사하고 반동 없이 제 자리에서 뒤로 공중회전을 하는 기본기도 다 잘하셨다. 하지만 큰 사고를 목격한 이후 소문이 무성하여 지금은 하는 분이 없다.

사실을 확인해 보지 않았지만 10년 전 수련 중

앉아서 마음을 비우고 고정관념이 깨질때 몸을 날려라!

반동 없이 뒤로 공중회전을 하던 한 스님이 목뼈를 크게 다쳐서 죽었다는 이야기를 풍문에 들었다. 그 사건을 지켜본 스님들이 쇼크를 받아 그 이후로 다른 것은 다 잘하면서 뒤로 돌며 공중회전만 못한다는 것이다. 4승형을 배우면서 매트를 깔지 않고 그 자리에 서서 반동 없이 바로 점프해서 뒤로 공중회전을 하는 사람은 나 하나이기 때문에 뒤로 공중회전하는 시범을 보이라는 것이다.

하지만 그렇게 잘하던 공중 뒤돌기도 큰스님 앞에서 하려니 갑자기 잘해야겠다는 마음이 앞서며 심신이 긴장되었다. 잔뜩 정신을 집중하고 힘껏 뒤로 공중회전을 했는데 점프가 낮았다. 머리가 바닥을 스쳤다. 목이 부러질 수 도 있었으나 다행히 큰 사고는 나지 않았다. 계속 이어지는 고난도의 새로운 행법을 하고 있으니 큰스님의 말씀이 들린다.

"결가부좌에서 무릎으로 몸을 세워 걷듯이 앞으로 전진을 해."

무릎 뼈가 바스러지는 것처럼 엄청난 통증이 엄습한다.

"결가부좌로 참선이나 명상수행 중에 불의의 공격을 받으면 바로 결가부좌 상태에서 상대방의 공격을 피하거나 제압할 수 있어야 해."

어떻게든 대중들 하나하나에게 이치를 꿰뚫어 이해시켜 주시려고 노력하는 큰스님의 행법 자체가 대중들의 가슴에 신심의 불을 지핀다. 언제나 서두르지 않는 여유로움, 조용한 가운데 나오는 열정, 깊은 삼매에 드시는 명상… 수련장의 분위기가 살아서 숨 쉰다.

수련이 끝나면 스님들은 남루한 옷들을 입고 제각기 울력에 들어간다. 포클레인과 덤프트럭이 땀을 흘린다. 그 사이로 밀짚모자를 쓴 수행승들의 신성한 노동이 시작된다. 언제나 부지런하고 모든 것이 살아서 움직인다. 그 곁에는 체구가 작고 나이 드신 평범한 할아버지가 계시고 프로의 솜씨로 환희에 가득 찬 힘세고 젊은 사나이들이 있다

불교 금강영관에서 정중동(靜中動) 속의 중(中)은 무심(無心)이다

 분위기가 엄숙하다. 100미터 달리기 결승전을 앞둔 선수들의 긴장감이라 해야 옳을까? 금강연수원 무술 수련 시작은 모두가 묵언 속에서 몸풀기에 여념이 없었다. 안도 스님, 청진 스님, 청연 스님, 청언 스님, 청하 스님, 행자님 두 분, 우담 법우, 나… 분위기가 무르익자 어간문이 열리고 큰스님이 들어오신다.

 벨소리로 수련 시작을 알리는 독특한 신호음! 대중들은 영동행관 4승형 수행 속으로 들어갔다. 고난도의 무술 기법! 끊임없이 부서지는 육체의 한계! 그 속에서 작지만 무거운 큰스님의 목소리!

 "다시 한번 해 봐!"
 "안 되는 것을 반복하여 해 봐!"
 "틀렸다!"
 "그것이 아니야!"
 "행공에 들어가면 생각이 들어가면 안 된다!"

몸과 마음과 호흡의 조화로 깨달음을 구한다.

"관(觀)해라!"
"이렇게 해 봐라!"
"그렇지!"
"정중동 속의 중은 무심을 말하는 것이야. 손으로 수인을 지으며 입으로 진언을 하면 영중관법이 되는 거야, 알겠지!"

어떻게든 당신의 수행 세계를 이해시키려 노력하는 큰스님의 자비심. 온 대중들이 무술 수련 중 다른 경계가 들어올 틈을 허락하지 않으셨다.

격렬한 무술 수련 뒤에는 으레 땀이 흘러 옷을 적신다. 온몸이 땀으로 범벅된 모습을 서로 마주 쳐다보고 웃었다. 무술을 용맹정진한 뒤에 오로지 열심히 한 스스로의 모습들을 바라보면 서로의 얼굴에 기쁜 마음만이 깃든다.

오늘 청련암에서는 아무런 바람도 찾아볼 수 없었다. 무술이 좋아 열심히 정진한 행복감만이 도량 분위기에 묻어날 뿐, 다른 것은 없었다.

이름도 없다! 형상도 없다!

　오늘은 동래수련원 회원들과 오후 6시에 합동 수련을 하는 관계로 조금 여유롭게 금강연수원으로 향했다. 몸 푸는 시간에 안도 스님의 앞 돌려차기가 샌드백에 파워 있게 부딪친다. 무슨 일이 있었는지 양손을 뒤로 한 채 발로만 엄청난 파워로 반복적으로 차댄다. 8시 30분 몸을 푸는 것을 끝내고 일제히 본 수련에 들어갔다.

　앞구르기로 시작하여 어느 정도 몸이 풀어지는 순간 어간문이 열린다. 소박한 옷차림의 양익 큰스님께서 들어오셔서 한 단 높아진 상단에 올라앉으셨다. 작은 벨이 달린 큰스님만의 신호음에 따라 온 대중들은 4승형의 세계로 들어갔다.

　금강합장에서 갖가지 노사나불의 인계로 시작된 행동 만다라가 시작됐다. 벌써 하루에 3시간 이상 열흘이 넘었다. 한 계단 한 계단 오르듯, 무술 수행의 세계는 여태껏 보지 못한 독특한 동작으로 환희와 놀라움의 연속이다. 육체의 극한 경계를 왔다 갔다 하다가 어느

새 불보살의 경계에 대중들은 몰입해 들어갔다.

큰스님께서 말씀하신다.

"동작을 크게 나누어 이름을 붙일 수는 있다. 하지만 세세히 나누어서 이름을 붙이면 부처님 가르침의 경계에서 멀어진다."

"여기에 있는 나를 양익이라 한다. 하지만 이름만 양익이지 실체는 아니다. 진실이 아니다."

"이것이다! 대중들은 알겠는가? 이름도 없다! 형상도 없다!"

엄지와 검지로 둥글게 인계를 지으시더니 큰스님께서 말씀하신다.

"이 동작은 노사나불이 취하는 인계이다!"

대중들에게 큰스님께서 물으신다.

"국내 절에서 노사나불의 수인을 본 적이 있나?"

내가 대답했다.

"기림사 대적광전에서 보았습니다."

곧바로 큰스님께서 말씀하신다.

"기림사에서 본 노사나불의 인계 동작을 해 봐."

내가 대답했다.

"죄송합니다, 큰스님. 저는 노사나불을 보긴 했지만 불상이 취한 인계를 정확히 보지 않아 기억이 나지 않습니다."

큰스님께서 말씀하신다.

"정확한 동작을 기억하지 못하는 것은 관심을 두지 않아서 그런 것이야! 다가오는 모든 것을 유심히 관찰하는 습관을 들여야 해."

다가오는 모든 것을 일일이 깊게 사유하는 큰스님의 넓은 수행 세계를 듣고 나는 너무나 부끄러웠다.

완벽하지 않다면 입을 다물라! 제대로 알지도 못하면서 나서는 것은 자기의 수행 체험 없이 떠드는 요즘의 사람들과 나는 얼마나 다른가? 정말로 나는 아직 멀었구나! 부끄러운 마음이 들었다.

안도 스님의 뒤차기가 두 번 허공을 가르다 어느새 몸을 한 바퀴 돌아서 위로 3번 움직이나 싶더니 어깨로 몸을 의지한 채 몸을 거꾸로 세워 몸이 돌면서 5번 발이 뒤로 구르며 허공을 가른다.

어느새 금강합장으로 돌아와 큰스님께 예로 합장하며 수련을 끝내고 전 대중이 울력하는 복장으로 갈아입고 포클레인이 기다리는 신성한 노동 현장으로 향했다. 올 여름 장마를 대비해 배수로를 정비하는 것이다.

오랜만에 잡아보는 삽과 괭이… 큰스님을 비롯하여 전 대중 스님과 함께 하는 울력 현장에서 몸은 몹시 힘들었지만 마음 안에 퍼져오는 큰스님의 행으로 보여주시는 가르침과 가식 없이 너무나 열심인 청련암 대중 스님들을 보니 신심이 절로 난다.

이마에 땀이 흘러내리는 이 순간은 바로 부처님 도량에서나 느낄 수 있는 행복이다.

숙련이 중요하다

가볍게 몸을 풀고 8시 30분부터 15분 정도 제각기 수행에 전력하고 있는데 양익 큰스님께서 들어오신다. 오늘은 4승형 중간 부위에 나오는, 앉아서 점프 720도 뒤 돌려 차는 발차기가 압권이었다. 지탱하는 발이 차는 발과 모아져서 360도를 뒤돌려 차고 그대로 멈추지 않고 바닥에 떨어지며 하단 360도를 연결시키며 뒤돌려 차는 조금 위험한 동적 행공이었다. 대중들 서로가 자신도 모르는 사이 발목이 다칠까 봐 조심스럽게 한 발 뒤로 빼는 것을 감지한 큰스님께서 연수원이 울릴 정도로 불호령을 내리신다.

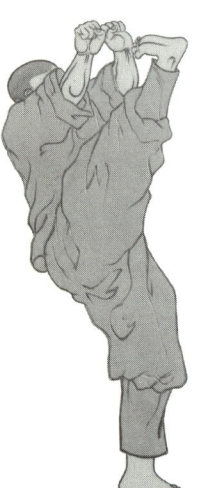

"몸 사리지 말고 끝까지 모아서 돌려라."

큰스님의 호통소리에 움츠렸던 스님들이 몸을 사리지 않고 허공에 몸을 날렸다. 여기저기서 둔탁하게 떨어지며 내는 본능적인 진언.

"으아, 윽, 하야, 으윽, 하악."

큰스님께서 끊임없는 가르침을 설파하신다.

"어디 얽매임 없는 자유로움이 무술의 극치를 이룬다."

"무술은 숙련이 중요하다!"

"무술 형은 한 번의 모델을 제시하는 것일 뿐! 하나에서 시시각각으로 변하여 다가오는 것을 본능적으로 느껴라!"

"천 번으로 나누어지고 만 가지로 변하는 응용의 세계를 느껴라!"

"상대방의 힘을 역이용하여 던져내고 다치지 않게 잡아줘라! 무술이란 상대방을 죽이는 사법(死法)이 아니라 상대방을 살리는 활법(活法)을 행해야 무술이라 할 수 있다."

"형을 익히는 데 길이 먼저고 동작은 반복적 수련에서 체득되는 것이니 나중이다."

"절대로 고정된 틀에 묶이지 마라."

"형이 어렵다고 배우는 사람들이 자기에 맞게 쉽게 풀이하여 수련하면 실력이 늘지 않는다. 형이 고난도의 기법일지라도 퇴굴심을 내지 말고, 배우는 이들이 형을 체득할 때까지 노력하는 것이 올바른 수련이야."

"어디 얽매임 없는 자유로움이 무술의 극치를 이룬다."

"영동행관 승형을 봉이나 검으로 해 봐라. 모든 무기는 몸의 연장선에 있을 뿐! 직접 체험해 보라. 다만 무기 수련은 권하고 싶지 않다. 위험한 상황에 빠지면 자기 자신도 모르게 무기를 들고 다른 사람을 죽일 수 있는 위험이 있기 때문에 몸만으로 사람을 살릴 수 있는 것에서 끝내라."

"체술을 틀에 구애 없이 자유롭게 완벽히 숙련하여 인간 능력 무한력의 힘을 터득하면 비록 검을 배우지 않았더라도 검을 잡으면 검의 고수도 이길 수 있다."

"왜 그런가? 모든 수행의 극치인 몸의 힘, 생각의 힘, 마음의 힘, 우주의 힘을 체득한 사람은 마음먹은 대로 몸을 행하는 수행 힘이 있기에 비록 무기를 다루는 무술 고수일지라도 당하지 못하기 때문이다."

부처님의 가르침을 마음에 빗대어 대중들에게 쉽게 전달시켜 주려고 애쓰시는 모습, 타고난 정열적인 모습으로 칠순의 나이가 무색하다. 큰스님의 가르침을 완벽히 체득하여 바로 눈앞에서 증명시킬 수 없는 제자들, 나를 비롯한 스님들의 모습에는 어쩔 줄 모르는 겸손이 녹아 있었다.

일승형이 제일 어렵다

　지금 부산에는 벚꽃이 활짝 피웠다. 나무에서 어린 새순이 파랗게 돋아나는 모습은 자연이 베풀어 주는 사랑인 셈이다. 나는 청련암을 오르며 금정산 구석구석마다 하루가 다르게 변화하는 자연의 진리를 배우고 느낀다.

　오늘 수련은 안도 스님, 청구 스님, 청언 스님, 박 행자님, 김 행자님, 우담 법우, 화창 법우와 몸이 아파 요양 중인 법우 두 분이 함께 했다. 한참 몸을 풀고 땀이 흐를 즈음 양익 큰스님이 들어오신다.

　오늘은 양익 큰스님으로부터 금강합장에서 불보살인계로 시작된 4승형의 행법을 지도받고, 회족의 원리와 앞차기에 대한 색다른 차원의 기법을 전수받았다. 영동행관 일승형도 처음으로 지도받았는데 지금까지 배운 기법보다도 더 어렵고 힘들어 섬세한 철학이 있다는 것을 체험한 하루다.

　또한 큰스님만의 상공기법 비전을 전수하여 주셨는데, 한 가지

첫째 마당 산사에서 무예를 배우다

만 소개하자면 "절대로 상대방의 발을 보지 말고 눈을 보며 온몸을 내 눈 속에 다 넣어라"고 하셨다. 또 처음으로 독특한 보법을 전수하셨는데 이름을 어떻게 지어 제자들에게 전수하여 줄지 구상 중이다.

큰스님께서는 심리전의 철학도 말씀하신다.

"상대방의 기법이 허술하게 보여도 절대로 자만하지 말고 휩쓸리지 마라. 또한 겉모습이 하찮게 보일지라도 상대방은 나보다 한 수 위의 무술 실력을 갖추고 있다고 생각해야 해!"

이런 내용은 항상 남을 우습게 여기지 않고 스스로의 수행을 점검하시는 말씀이었다.

수련이 끝난 뒤 법당 밖에서 안도 스님의 호소력 있고 시원한 사시 예불 소리를 5분간 듣다가 청연 스님이 지장전에서 올리는 천수경 기도 소리를 들었는데 굵은 톤의 염불 소리가 너무나 마음을 편하게 한다.

금정산 자락 청련암의 대형 노천 지장보살님 주위에 벚꽃이 만발했다. 그 사이로 하얗게 함박눈이 내린다. 그것도 따뜻한 부산에서는 한겨울에도 보기 어려운 눈이 봄날에 내리는 것이다. 부처님의 가르침을 배우며 자비와 평등을 알았는데, 우리 주변에는 인종이 다르다, 나라가 다르다, 학설이 다르다, 이것저것이 다르다 하며 자기 것만이 최고라고 난리다.

"오늘은 우수 인종주의를 지향하는 사람들에게는 최악의 날이 될 것이다. 인간은 다 평등하다! 겉만 다르게 보일 뿐!"

얼마 전에 인간게놈을 세계 톱뉴스로 발표하는 사람이 이렇게 공식적으로 선포하는 것을 보았다. 요즘은 이런 첨단 세상을 살아가는 시대인데 조금만 남보다 더 배우거나 좀 잘 나가면 사람의 인성을 망각한 채 짐승의 인격을 갖춘 이들이 많다. 인간이라면 성인의 가르침을 배워야

수행은 몸으로 실천적으로 해야 한다.

첫째 마당 산사에서 무예를 배우다

한다. 그 속에서 사랑, 자비, 평등을 배워야 한다.

자기가 남보다 조금 더 배웠다고 권위를 내세워 무엇 하려는가! 이제는 성인의 가르침 안에서 모든 걸 대답하고 남에게 가르쳐야 한다. 조그만 지식이 아닌 지혜를 베풀어야 한다.

또 다른 경계를 넘어서서

양익 큰스님께서 말씀하신다.

"형이란 자연스러워야 형이라 할 수 있어. 절대로 끊어서 행하지 말고 물이 흐르듯 이어서 나아가야 해. 부자연스런 동작이 있다면 잘못된 것이고 만약 이유 있게 부자연스러운 것을 넣었다면 자연스럽게 될 때까지 반복적 수련을 해야 해."

이제 영동행관 4승형의 마지막 행법이 시작됐다.

"연속 손 안 짚고 전방으로 3바퀴 물레방아 돌며 탄력을 받아서 그대로 몸을 점프한 뒤 우족을 안으로 걷어내어 양발을 모아 높게 띄워 양발 모아 회오리치듯 회전하며 상단 옆 차고 공중에서 멍석 말듯이 돌아 540도 회전하며 온몸을 뉘어서 팔꿈치와 발 앞꿈치로 바닥에 떨어지며 우로 3바퀴 빠르게 바닥을 구르고 좌로 3바퀴 다시 멍석 말듯이 굴러서 팔굽과 좌측발의 탄력으로 튕기며 일어서서 좌로 돌아서 금강합장 반배!"

20일 동안 줄곧 큰스님께서 몸소 내려오셔서 2시간 이상 동적인 무술 형에 해당되는 4승형을 지도해 주셨는데 내 인생의 평생 자산이요, 영혼을 깨우는 진보된 수련이었다고 확언한다. 골굴사에 입산하여 적운 스님께 선무도 입문 8년 만에 3승형을 전수받았고 특별한 사정이 아니면 하루도 안 빠지고 동래수련원에서 제자들에게 새벽 수련을 지도한 뒤 승용차로 50분의 시간이 소요되는 청련암의 금강연수원에서 스님들 오전 무술 수련 시간에 함께 무술 수련을 한 지 3년의 시간이 흘렀다. 금강연수원이 문을 연 이래 근 40년 동안 전수되지 않던 영동행관 4승형을 처음으로 완전히 전수받았으니 본능적으로 터져 나오는 기쁨의 환호가 금정산을 울릴 정도로 메아리쳤다. 불교 금강영관 입문을 허락하여 주신 적운 스님의 은혜가 아니었다면 어떻게 여기까지 올 수 있었겠는가.

스승의 은혜는 하늘과 같다! 뒤늦게 양익 큰스님께 은혜를 입었고 부처님의 가피를 받았다. 이것이 끝은 결코 아니다! 앞으로 더 나아가야 할 5승형, 6승형, 7승형, 8승형… 1지, 2지, 3지… 한참 더… 부처님 경지. 하지만 오늘 나는 기분이 생애 최고로 좋은 걸 어쩌랴!

월요일이 되면 안도 스님과 청하 스님만 남고 양익 큰스님과 청련암 대중 스님들 모두 강원도 홍천으로 6개월간 불사를 하러 가신다. 그래서 오늘은 10시까지 전 대중이 수련을 마치고 우담 법우 사모님께서 집에서 해온 깨죽을 나눠 먹고 함께 도량 청소를 했다. 빗자루로 낙엽을 쓸고 큰 돌들을 모아 한쪽으로 정리를 하여 도량을 깨끗이 쓸고 닦았다. 끝으로 지장보살님께 기도한 후 청련암에서 점심 공양을 하고 하산을 하였다.

눈에는 보이지 않지만 인연의 법칙은 오묘하다

청련암 입구에 들어서니 낯익은 스님이 나를 반기신다. 이게 누구신가? 양익 큰스님께서 집중적으로 수련을 시켜서 제법 무술을 잘하신다고 칭찬하셨던 청영 스님이다. 백양사 강원에서 공부 중인데 부처님오신 날 법회에 참석하러 오셨단다. 앞으로 2주간 같이 금강영관을 수련하신다니 이참에 큰스님의 기법을 청영 스님의 무술 스타일로 확인도 해 보고 새로운 상승 수련을 체험하는 계기가 될 수 있겠구나 하는 기대심에 새삼 신심이 불타오른다.

오늘은 안도 스님, 청영 스님, 화창 법우, 우담 법우와 무술 수련에 임했는데 역시 청영 스님의 자세는 깨끗하고 아름답게 보였고 안도 스님은 실전 스타일로 무사처럼 힘 있고 매우 투기적으로 수련에 임했다. 대중 스님들의 무술 기법을 눈으로 보고 따라하다 보면 저절로 실력이 붙고 기분이 좋아진다. 마치 재미있는 영화를 보면 시간이 빨리 흘러가는 것을 느끼듯 오늘 수련 시간이 너무 짧은 게 아쉽고 무술 익히는 재미가 두 배는 높아진다.

기대하지는 않았지만 먼 곳에 흩어져 경전 공부와 참선 공부에 열심인 큰스님 제자 분들이 불현듯 찾아와 같이 수련에 임하노라면 작게는 나에게 복이요, 크게는 인연의 신비로움에 놀라곤 한다. 지극 정성으로 기도하고 정진하면 항상 선지식은 다가온다는 옛 선배님들의 가르침이 새롭게 나의 마음에 다가오기 때문이다.

진작부터 청영 스님의 무술 실력을 누누이 들어온 터라 "얼마나 잘하기에 칭찬이 자자할까?" 하며 호기심도 생기고 질투심도 났었다. 나중에 인연이 된다면 꼭 몇 달만이라도 같이 수련하면서 청영 스님 무술을 배우고 싶다고 많은 분들에게 자연스럽게 이야기를 해온 터였다.

무술 수련을 끝내자 안도 스님이 내게 다가와 말을 건다.

"최 법사, 밀양 근방에 좋은 절이 있다고 하는데 청영 스님과 함께 구경 가자."

청련암 수련이 끝나면 바로 하산하여 내가 운영하는 동래수련원 제자들 수련을 지도해야 한다. 하지만 스님들과 나들이 한다는 유혹을 뿌리치기에는 날씨가 너무 좋았다. 제자들에게 자초지종 설명을 전화로 한 뒤 차를 타고 밀양으로 스님들과 함께 떠났다. 밀양에 도착해보니 시골에 있는 폐교를 개조한 사찰이었다. 안도 스님이 나에게 묻는다.

"최 법사, 내가 이 폐교를 인수하여 금강영관을 지도하고 싶은데 동래수련원 문 닫고 밀양에 들어와 살지 않을래? 공기도 좋고 더욱 많은 이들에게 불교금강영관도 지도할 수 있는데 한번 깊게 생각해 봐."

생각지도 않은 제의를 받고 보니 당황스러웠지만 홀로 사는 몸도 아니고 아이 둘에 아내까지 있는 처지라 섣불리 답변을 하기 어려웠다. 폐교를 이렇게 사찰이나 수련원으로 이용하는 것도 좋은 방법이라 생각하며 부산 동래수련원으로 돌아오니 수련반의 수련 시간을 넘기고 말았다. 그래도 제자들이 협동해서 수련을 잘해 주었다. 그 덕분에 기분이 유난히 좋은 걸 보면 무술수련원을 운영하는 것도 꼭 사찰을 운영하는 것과 같다는 착각이 든다.

그럼… 내가 주지스님이네? 하하하.

기본부터 다시

동래수련원 새벽 수련을 지도하고 청련암 수련에 참석하려면 아침을 따로 챙겨 먹을 시간이 없다. 올라가는 길에 한 손으로는 운전대를 잡고 먹는 빵과 우유가 아침 식사의 전부이다. 그것이 습관이 되어 청련암 수련이 없는 일요일에 편안히 아침 밥을 먹으면 오히려 속이 거북하다. 그래서 이제는 빵과 우유로 아침 공양을 하고 있다.

한참 동안 벽 차기를 하고 있으니 청영 스님께서 벽을 타며 수련하는 방식을 일러주신다.

"최 법사님처럼 벽을 강하게 샌드백처럼 차는 방법은 나중에 관절을 다치게 되어 큰일 납니다. 벽을 가볍게 밀며 허공에서 자유자재로 발차는 연습을 해야 말초신경이 발달되어 수련이 깊어지는 거예요."

스님이 알려주신 방법은 벽을 사정없이 차며 수련하던 기존의 내 방식과 달라 다시 배워야겠다는 생각이 들었다. 잠시 후 청영 스님이 나에게 다가와 장족

무예수련은 기본동작을 잘 익혀야 한다.

앞차기를 설명해 준다.

"금강영관 장족 앞차기를 할 때는 앞발을 90도 앞굽이로 깊게 앉은 상태에서 굽힌 발을 펴지 않고 차는 발을 그대로 펴서 상체를 대각선으로 뒤로 누이며 허리로 빠르게 차는 거예요. 최 법사님, 한번 해 보세요. 정신 안 차리면 뒤로 벌렁 넘어져서 머리를 크게 다칠 수 있으니 조심하세요."

청영 스님이 지도하는 대로 장족 앞차기를 해 보니 지탱하는 발을 펴지 않고 찬다는 것이 얼마나 힘든 것인지 실감이 났다. 청영 스님이 말한다.

"항상 큰스님께서 말씀하시는 것을 잘 들어서 변형시키지 말고 그대로 연습하여야 불교 금강영관을 배웠다고 할 수 있는 거예요. 큰스님은 지탱하는 발을 90도 깊게 앉아서 차올려야 장족 앞차기라 하셨거든요.

장족 앞차기를 수련하다 보면 차올리는 회전력을 이기지 못해 뒤로 공중 회전하여 넘어지는 분들이 거의 대부분이죠! 큰스님의 발차기가 이렇게 기본부터 힘이 들어요. 기본기가 잘 되어야 실력이 느는 거예요."

매일 우습게 연습하던 장족 앞차기에 이런 고도의 수련법이 감추어져 있을 줄이야! 정신이 번쩍 들었다. 왜 매일 반복하면서도 스스로 깨닫지 못했는지 나 자신에게는 질타를, 가르침을 준 청영 스님에게는 감사함을 느끼는 수련 시간이었다. 청영 스님의 설명이 이어진다.

"처음부터 원칙적으로 힘들더라도 쉽게 행하지 말고 정석을 지키세요."

청영 스님의 가르침은 내가 누누이 제자들에게 이야기해온 가르침이기도 했다. 나 자신이 확언한 장족 앞차기 기본 발차기 하나도 체득하지 못하고 제자들을 지도했구나 하는 생각에 참담하고 부끄러운 마음이 들었다. 막상 듣고 보니 십여 년 동안 스승님들을 모시며 가르침을 받던 중 스스로 발차기는 내가 제일 잘한다는 생각이 들면서도 한쪽 마음에서는 무언가 조금씩 의심이 들던 동작들이 한순간 시원하게 뚫리는 기분이었다.

또한 외회족으로 무거운 샌드백을 찰 때 무언가 스스로 미심쩍은 것이 있어 청영 스님께, "죄송하지만 시범 한번 보여 달라"고 부탁하며 내가 느낀 점을 질문했다. 청영 스님은 주저없이 큰스님의 가르침을 풀어서 말씀해 주셨다. 이렇게 쉽게 이해할 수 있는 것을 그 당시에는 왜 이해할 수 없었을까? 되돌아보면 어리석음에 부끄러운 생각만 든다.

'금강영관 무술 세계는 정말 깊고 오묘하구나. 몸으로 실천하여 스스로 만족할 만큼 실력을 쌓으려면 아직도 나의 무술 경지는 멀었구나!'

새삼 이런 사실을 절감한 무술 시간이었다. "휴~우" 하고 한숨 소리가 저절로 나온다.

내 몸이 깃털이라 생각하라!

동래수련원의 새벽 수련 때 유연공, 장 지르기, 비회공, 벽 잡고 발차기, 영동입관, 영정행관(지대체, 행(行)~공(쏜))까지, 또 영동좌관, 오체유법, 다리 벌리기를 완벽하게 나만의 몸 푸는 방법으로 수련하고 청련암으로 오르니 수련이 너무나 잘 된다. 인원을 반씩 나눠 두 줄로 선 채 자유롭게 행공에 임하니 몸과 마음이 너무나 편안하다. 자신에게 맞는 수련법을 자연스럽게 익혀 행공을 할 때면 금강연수원 자체가 대형 스크린으로 느껴지고 창문 밖 의자에 앉아 입체영화를 보는 듯한 착각에 빠진다.

자기 몸에 불성이 있음을 수행을 통해 자각하고 나서 남을 위해 가르치라고 부처님께서도 말씀하셨다.

잘 안 되는 동작을 열심히 반복하며 희열을 느끼는 순간 양익 큰스님께서 들어오신다. 오늘은 결가부좌로 물구나무서서 정지하는 동작을 연습했고 손 안 짚고 연속 옆돌기를 행하는데 큰스님이 말씀하신다.

첫째 마당 산사에서 무예를 배우다

"절대로 내몸이 무겁다고 생각을 하지마라"

"몸이 깃털이라 생각해! 한 번 돌고 두 번째는 회전하는 탄력을 받아 더 높이, 세 번째는 더 빨리 높이 날아야 해! 절대로 내 몸이 무겁다고 생각을 하지 마라. 잘 안 되는 동작을 더 많이 해 봐."

온몸이 땀으로 범벅이었다. 육체가 한계에 달하며 맛보는 느낌은 짜릿하고 흥분된다. 내 몸을 내 마음대로 한다는 것! 대단한 용기가 필요하다. 끊임없이 발품을 팔고 부족하면 스승을 찾아 정진하여 내 몸과 마음이 변하는 느낌을 체험하자. 스승을 찾아 끊임없이 배우는 모습이 진정한 무술인의 길이다.

큰스님 앞에서 영동행관 4승형을 점검받다

3월에 하루 2시간 이상 수련하며 큰스님께서 직접 지도하시는 영동행관 4승형을 마쳤지만 숙달하기 위해 1년 이상 시간을 잡고 반복 수련을 하고 있다. 큰스님께서 안도 스님에게 물으신다.

"최 법사와 4승형 연습을 많이 했나?"

"예! 계속 반복해서 수련하고 있습니다."

큰스님이 누르는 '삐~!~' 하는 독특한 벨소리가 울린다. 대중들에게 4승형을 준비하라는 큰스님의 신호다. 본능적으로 큰스님 앞에 두 줄로 섰다. '삐~!' 4승형 시작하라는 큰스님의 신호를 받고 금강 합장에서 불보살의 인계로 시작하여 노사나불의 수인을 하며 4승형 수행 세계를 시작했다. 큰스님이 말씀하신다.

"최 법사, 상체가 너무 섰다! 그러면 상대에게 상체

첫째 마당 산사에서 무예를 배우다

가 노출되고 한 박자 속도가 늦으니 바로 차! 최 법사만 다시 해 봐."

다시 바닥에서 최대한 낮은 공간을 만들어 몸을 공중에서 돌리며 옆 차고 뒤차고 옆 차는 연속 3번의 발차기로 허공을 가르며 착지했다. 짧은 허공에서 앉으며 발을 찬다는 것이 여간 힘들지 않다. 조금만 착지가 늦어도 얼굴이 바닥에 바로 부딪치며 대형 사고로 이어진다. 온몸이 땀으로 범벅이다.

"왜 이리 안 되지?"

짧은 순간에 마음속으로 스스로에게 질문을 던졌다. 오늘 수련은 죽기 아니면 까무러치기였다. 큰스님께서 말씀하신다.

"몇 분 걸렸지?"

청언 스님이 대답했다.

"10분 걸렸습니다!"

큰스님이 바로 말씀하신다.

"더 완숙하게 연습해서 시간을 단축하도록 해!"

큰스님께서 다시 두 번 4승형을 반복 수련시키고 말씀하신다.

"앞으로 5승형, 6승형, 7승형…을 나가려면 열심히 하도록 해!"

오늘 수련의 긴장감과 육체가 부서지는 한계를 느끼며 내 몸을 내 마음대로 갖고 놀려면 용맹정진밖에 없음을 자각하는 시간이었다.

영동행관 4승형은 가르쳐 주어도 기본이 없으면 대형 사고로 이어지는 수련법이다. 사제들이여, 기본을 열심히 할지어다! 기본이 없으면 가르쳐 주어도 절대로 할 수 없다!

감각 기능의 활성화와 자유로움이다

홀로 수련장으로 들어가 몸을 풀고 있으니 양익 큰스님께서 들어오셨다. 그리고 청련암 옆에 있는 대성암에서 수행을 하고 있는 비구니 스님 세 분이 큰스님께 인사를 드리러 왔다. 내일 강원으로 공부를 하러 가는데 작은 공간에서 할 수 있는 수련법을 배우고 싶다는 것이었다. 큰스님이 나를 부르며 말씀하신다.

"최 법사! 스님들에게 오체유법과 영동입관을 가르쳐 줘!"

"예!" 하고 대답한 다음 오체유법을 지도하고 영동입관을 큰스님 앞에서 지도하려니 왠지 긴장감이 들었다. 아니나 다를까? 스님이지만 여성이라 그런지 동작 하나하나를 배울 때마다 핵심을 찌르는, 대답하기 난처한 어려운 질문들을 던져온다.

"시선은 어디를 보아야 하나요?"

"이 동작일 때는 생각을 어디에 두어야 하나요?"

"이 동작은 왜 이렇게 해야 하나요?"

"왜 시선을 보는 이유가 있나요"

"혀끝은 입천장의 어느 지점에 얼마만큼 붙여야 하나요?"

"왜 엄지발가락만으로 몸을 들어야 하나요?"

"왜 중심이 잡히지 않나요?"

"나는 왜 다리가 일자가 안 되고 기억 자밖에 안 되나요?"

"큰스님 저 같은 몸도 저기 최 법사님처럼 될 수 있나요?"

갓 출가한 어린 스님들이라 할아버지 앞에서 질문하는 손녀를 보는 것 같았고 큰스님 또한 웃으시며 차근차근 자세히 설명을 하신다. 때론 애교를 부리듯 물어보는 해맑은 스님들의 모습에 웃음이 나오기도 하였지만, 날카로운 질문엔 나도 모르고 넘어갈 뻔했던 미세한 부분들을 큰스님 앞에서 직접 배우는 소중한 시간이었다.

나 역시 체험이 부족하여 의심을 두고 있었던, 동작마다 바뀌는 시선 문제나 의식을 어디에 어떻게 두어야 올바른 것인지, 또 왜 엄지발가락과 새끼발가락만 단련하는지에 대해서도 용기를 내어 물어보고 의심을 타파할 수 있었다.

그것은 기존에 내가 배운 것처럼 틀에 묶인 가르침이 아니라 손끝 발끝까지 감각 기능을 극대화시켜 모든 것이 금강의 몸을 이루도록 다각도로 자유롭게 만들어 놓은 하나의 방편적 수련법임을 확인하는 순간이었다.

팔만대장경도 달이 있는 곳을 알려주는 하나의 방편적 가르침인 것처럼!

긍정적으로 생각하라!

조금 심신이 피곤함을 느껴 오늘은 영동행관 1, 2, 3승형에 나오는 무술의 기법을 따로 뽑아 가볍게 수련하고 내려가리라 생각하고 조금 꾀를 피웠는데 양익 큰스님께서 들어오셨다. 그러자 방금 전의 자연스럽고 평온한 수련 분위기가 엄숙해지고 수련하시는 모든 분들의 발차기의 파워와 각도가 180도 바뀌었다. 큰스님께서 말씀하신다.

"다 결가부좌하고 앉아 봐."

기존의 상식이 무너지는 수련법이 시작됐다.

"엉덩이 들어! 청언 스님이 먼저 해 봐."

"최 법사, 엉덩이를 더 들어. 그렇지! 오뚜이처럼 쓰러질 듯하며 앞으로 나아가."

"뒤에도, 다른 사람도 다 해 봐."

"이번엔 한 손으로 온몸을 다 들어."

첫째 마당 산사에서 무예를 배우다

"수련을 하면 불가능한 것은 없다."

"무릎으로 먼저 안 떨어지게 조심하고 엉덩이 살 쪽으로 먼저 떨어져야 해."

"자, 이번에는 상대가 앞에서 찼다! 어떻게 피해야 돼?"

"최 법사! 한번 해 봐."

내가 옆으로 쓰러지듯 굴렀더니 큰스님께서 고쳐주신다.

"아니야, 한 바퀴를 돌아."

큰스님의 말씀을 듣고 수련하니 발목과 엉덩이가 몸의 충격을 이기지 못하여 아프다고 난리법석이다. 큰스님께서 계속 가르침을 주신다.

"자, 이번에는 뒤에서 차올 때 청언 스님이 피해 봐."

큰 몸이 부드럽게 굴러 저 만치 멀리 달아나자 큰스님께서 웃으시며 말씀하신다.

"너희들 엉덩이가 튼튼해질 거야."

"봐라! 수련을 하면 불가능한 것이 없는 법이야!"

"항상 긍정적으로 생각해! 저기 뒤에도 내 말 들리지?"

자비로운 모습으로 미소를 지으시며 말씀하신다.

"조심해! 무릎 다치지 않게! 최 법사, 한 손으로 반동주어서 온몸을 들어 봐."

있는 힘을 다해 왼손 바닥으로 바닥을 힘껏 밀며 몸을 들었다. 하지만 내 체중과 떨어지는 탄력으로 왼쪽 엉덩이 부분이 무엇인가 둔탁하게 부러지는 듯 강한 통증이 와서 5분을 누워서 그 고통으로 연신 엉덩이를 마사지해야 했다. 그 순간, 나에게 암시가 왔다. 무턱대고 큰스님께서 지도하시는 대로 했다가는 어디 한군데 뼈가 부러져 다칠 수도 있겠다는 생각이 드는데, 큰스님께서 한 말씀 하시고 나가신다.

"열심히 해!"

큰스님께서 나가시자 고된 수련이 끝나는 해방감에 약속이나 한 것처럼 대중들은 서로 말 없는 가운데 쳐다보고 웃었다. 열심히 할수록 불교 금강영관 수행은 자유롭다! 재미있다!

기쁨의 고함을 지르다!

100일 지난 둘째와 네 살 된 첫째를 키우는 가정생활과 수련 지도, 개인 수행을 병행하다 보니 알게 모르게 잠이 부족하고 피곤함이 몰려와 며칠 전부터 잇몸이 붓고 진통이 찾아왔다. 특히 요즘은 큰아이를 재우면 작은아이가 눈을 뜨며 놀자 하고, 작은 아이를 재우면 큰아이가 눈을 뜨며 놀자 하여 부모 노릇 하기가 얼마나 힘든지 새삼 느낄 수 있다. 오늘은 진통제를 먹어도 아침 수련이 다 끝나도록 통증이 가라앉지 않아서 수련을 좀 쉴까 하고 생각 중이었는데, 다행히 통증이 가라앉아 바로 청련암으로 향했다.

금강연수원에 조금 늦게 도착하니 금강영관 본 수련이 막 시작되고 있었다. 잇몸 통증이 올 때면 여태껏 공부한 나의 경계가 어디로 갔는지 자취를 찾을 수 없어 허탈하고 나의 수행이 이것밖에 안 되는구나 하여 못내 아쉬운 생각이 든다. 그동안 다른 무술 기법은 다 소화해냈는데 오랜 부상의 징크스를 넘지 못해 벼르고 벼르던 분야가 있었다. 벽타고 오르며 뒤로 공중 돌아 발차는 기법을 오늘은 꼭 성공하고야 말겠다고 다짐하며 수련을 시작했다.

기본적인 기계 체조법부터 물구나무서서 수련장 한 바퀴 돌고 핸드스프링, 백핸드, 앞 공중회전, 뒤 공중회전, 손 안 집고 옆 돌기 등 수련장 바닥에서 하는 과정은 시작부터 끝까지 연속으로 깨끗이 소화를 시키는데 '벽 타고 오르며 뒤로 공중 돌아 발차는 기법'은 좋지 못한 기억 때문인지 잘 안 된다. 벽을 타며 하는 다른 발차기는 '난다'는 표현을 들을 정도로 잘하는데, 전에 홀로 벽타고 돌다가 머리를 벽에 부딪치고 잠시 기절하는 대형 사고를 당한 뒤부터 이 동작을 하려고 하면 공포감 때문인지 무거운 물체가 가슴을 누르듯 아무리 하여도 잘 안 되는 것이었다. 그래서 언제부터인가 내게 벽을 타며 공중을 연타로 차고 도는 기법이 마음에 짐으로 자리를 잡아 꼭 이뤄내야 할 소원이 되었다.

"이것만 된다면 한 차원 진일보한 수련으로 나아갈 수 있을 텐데…!"

이런 생각과 함께 청련암 대중 스님들이 너무나 쉽게 벽을 타며 천정까지 발로 차고 돌 때는 "왜 나는 공포를 느끼며 저것을 할 수 없을까?" 하고 말할 수 없는 탄식을 하였다.

하지만 오늘은 목뼈가 부러져 죽는 한이 있어도 꼭 해야겠다고 대중 스님들께 장담하며 큰소리를 쳐놓고 비장한 각오로 연습하였다. 열심히 연습하던 어느 순간, 갑자기 빠르게 영감이 왔다. 제자리에서는 잘만 하는데 왜 그러냐고 스님들은 벽 타며 돌기가 누워서 떡 먹는 것보다 쉽다며 내게 분발심을 북돋우려고 약을 올리고 심지어 우담 법우는 "최 법사는 겁쟁이!"라는 말까지 하니 분심이 들끓었다.

"십년 전에도 스님 한 분이 뒤로 공중 돌다가 목뼈가 부러져 죽은 일

이 있었다는데, 그 다음 차례는 내가 되는 것이 아닌가?'

못된 망상이 꼬리에 꼬리를 물고 온갖 상상이 드는 순간, "이리 죽나, 저리 죽나 죽는 건 마찬가진데… 하자!" 하고 청언 스님께 한번만 벽을 돌 때 등을 잡아 달라고 부탁하고 나서 실행을 했다. 여태 수많은 스님들이 붙잡아서 도와줬지만 두려움에 몸이 뜨지를 않아 실패에 실패를 거듭했는데 오늘은 기적같이 단 한 번에 성공을 거두었다. 너무 기뻐서 나도 모르게 펄쩍 뛰며 고함을 질렀다.

"이야~아 악~!"

고함 소리에 내 쪽을 쳐다보던 대중 스님들이 박수를 치며 축하해 준다. 얼마나 기쁜지 신이 나서 벽 차며 뒤로 돌기를 50번은 족히 한 것 같다. 안도 스님이 말을 건다.

"최 법사, 소원 성취했으니 한 턱 내라!"

청언 스님도 거든다.

"최 법사님! 이제는 소원 성취하였으니 청련암으로 입산하시지 않겠네요?"

행자님들도 이구동성으로 "축하드립니다." 하고 인사를 한다. 우담 법우도 놀란 눈으로 나를 보며 칭찬을 아끼지 않는다.

"최 법사, 정말 대단해!"

올해 벌써 두 번째로 고함을 지르는 셈이다. 처음은 영동행관 4승형을 한 달 만에 양익 큰스님께 다 배우고 나서고, 두 번째는 오늘 벽 잡고 돌며 발차기를 성공한 후 청련암에서 하산하는 길에서다.

"이얍! 으~아!"

차가 들~썩 거릴 정도로 폭발적인 고함을 질렀는데, 이 짜릿함은 경험해 보지 않은 사람은 절대 모른다. 몸으로 체득해야 하는 무술 수련을 모르는 사람이야 "무얼 그걸 갖고, 쯧쯧" 하며 혀를 차겠지만 오랫동안 하지 못해 몸과 마음을 기죽게 했던 것이 확 뚫어지는 이 순간의 기쁨은 누가 무어라 해도 최고다. 차 안에 홀로 있으니 누가 듣는 사람도 없겠다 흥에 겨워 스스로에게 큰 소리로 말했다.

"그래 난 해냈어! 최 법사, 넌 대단한 놈이야!"

자화자찬이긴 해도 기분은 날아오를 듯했다.

상대의 행위 속에 나의 모습이 보이다

오늘처럼 청명한 날에 청련암으로 오르니 심신이 편안하다. 앞구르기, 뒤구르기, 물구나무서서 가기, 전후방 낙법, 핸드스프링, 백핸드, 앞뒤 공중회전, 옆 돌기는 양 손, 한 손, 손 놓고 하기 등을 마치고 나니 제법 몸이 가벼워졌다. 몸에 땀이 흐를 만큼 기본 발차기를 하고 있으니 양익 큰스님께서 들어오셔서 동작 하나하나를 철저하게 원칙에 맞게 가르쳐 주신다.

"엉덩이를 넣어서 하도록 해."

회족의 원리를 말씀하시는 것이다.

"영동행관, 영동좌관, 영동입관, 영정행관, 영정입관, 영정좌관을 틈틈이 수련해야 돼! … 승형을 할 때는 절대로 끊어지지 않게 하고 숨이 찬 것은 좌관과 산 구보를 통해 수련을 해야 돼! … 완숙한 경지에 오를 때까지는 멈추지 말고 부지런히 정진하고…."

기초에서 모든 것이 나오기 때문에 조금은 지루할 수도 있지만 재미있게 자신과의 싸움에서 이겨야 일보 진전된 수행을 체험할 수가 있기 때문이다. 양익 큰스님께서 평소와 다르게 수련이 끝나고 한 시간 동안 법문을 하신다.

"못된 시어머니를 탓하는 며느리가 나중에 시어머니가 되면 왜 더 못되게 며느리를 구박하는지 아는가? 그것은 그 며느리의 몸과 마음이 시어머니와 똑같기 때문이다!"

"정도(正道)가 아닌 것은 마음에 두지 말고 이야기도 하지 말라!"

"남의 잘못을 탓하는 자, 그와 똑같기 때문이다!"

"남의 잘못이 보이거든 자기의 잘못됨이 보이는 줄 알고 묵묵히 참회를 하라!"

"자기와 모든 것이 어긋난다 하여서 남을 미워하지 말고 그 사람이 잘 될 수 있도록 부처님께 기도하라!"

큰스님 말씀을 듣고 보니 나 또한 얼마나 나를 합리화시키며 남을 험담했던가? 오늘 나는 너무나 부끄러웠다. 좋은 일만 하기에도 인생은 너무나 짧다. 지장보살님 앞에서 나의 아상으로 인하여 상처를 준 모든 분에게 진실로 참회 했다.

"부처님! 내 몸과 마음에 있는 아상을 박살내버리고… 어렵고 고통 받는 사람들에게 도움을 줄 수 있는… 지혜로운 사람이 되어 세상에 필요한 사람이 될 수 있도록 자비의 힘을 주세요."

참 수행자에겐 세속적 두려움은 통하지 않는다

비가 오고 바람이 분다. 지구가 거대한 생명체처럼 살아서 움직임을 알 수 있다. 열심히 불교 금강영관 수련을 하고 있으니 양익 큰스님께서 들어와 상단에 앉으셔서 벨을 잡고 가르침을 주신다. '삐~!' 하는 신호음과 함께 큰스님께서 말씀하신다.

"결가부좌하고 앉아."

"앞 구르며 물구나무서 봐!"

"뒤구르며 물구나무서 봐!"

"왜 자기 몸보다 무거운 물체는 잘 들면서 자기 몸을 들지 못해?"

"힘이 모자란 것이 아니고 중심을 잡는 요령이 부족해서 안 되는 거야."

"벽을 밟고 상단 이단 옆차기를 한 뒤 떨어지며 손가락 끝으로 바닥을 밀고 솟구칠 정도가 되어야지."

"힘을 넣을 줄 안다면 불가능한 것은 없어!"

"참 수행자는 죽음을 두려워 하지 않는다."

"단지 힘이 균등하게 들어가야 하고 어느 정도는 단련을 행하여야 해."
"자꾸 해 봐! 행해야만 실력이 붙는 거야."
"이리들 모여 봐."
한 시간에 걸쳐 큰스님께서 말씀하셨다.
"과거칠불의 형상을 본 적이 있나?"
"청정법신 비로자나불의 수인이 이렇게 세 가지로 변하는 줄 아나?"
"노사나불의 수인이 이렇게 되어 있는데 왜 이렇다고 생각해?"
"국내 법당에 모셔져 있는 삼천불전의 모습이 왜 다 틀리게 조각되어져 있지 않고 몇 가지의 형상을 가지고 섞어서 모셔 놓았을까?"
"삼천대천세계를 관장하는 불보살님의 모습이 어떻게 같을 수 있겠는가? 다르게 표현되어야 옳은 것이야!"
"오랜 실증적인 문헌을 보든, 각 사찰에 모셔진 오래된 부처님의 형상을 보든, 항상 유심히 관찰해야 해!"

"부처님이 취한 수인을 유심히 관찰하여 왜 이런 모습을 취하고 있을까, 무엇을 뜻하는 것일까, 천백억화신 석가모니불의 진언은 무엇일까, 청정법신 비로자나불의 진언은 무엇일까, 원만보신 노사나불의 진언은…?"

"유리광여래불, 서방정토 아미타불, 천수천안 관세음보살의 진언은? 수인법은? 왜, 무엇 때문에? 그 진언이 뜻하는 것은?"

"옴, 암, 아바라카하, 옴 살바 못자 모지 사다야 사바하, 옴 아로륵게 사바하."

"원래 지장보살님의 형상은 좌로 시선을 틀고 계신 것이 맞지만 절하는 위치가 확보되지 못해 청련암 지장보살님은 앞을 바라보시게 한 것이야."

"석가모니부처님의 형상이 왜 하나같이 가슴을 내밀고 있겠어? 그것은 부처님 당시에 중단전을 발달시켰다는 것을 증명하는 것이고 삼국시대 때의 불보살님의 형상이 가슴이 들어가고 코끝이 하단전을 바라보는 것은 하단전을 발달시켰다는 것을 말하는 거야. 직접 수련하여 체득해야만 내 말을 알아들을 수 있지! 들어서는 소용없는 짓이야!"

"모든 부처님은 각각 수인, 진언, 종자가 제각기 틀리다. 나중에는 영중좌관, 입관, 행관법을 배워야 하는데 오늘 내가 한 말이 무엇을 뜻하는지 알게 될 거야. 영중좌관을 행할 때에는 진언을 하며 수인이 함께 움직여야 돼!"

진언의 중요성과 불보살님의 수인에 관해서 너무나 방대하게 말씀을 하셨다. 큰스님은 노력하시는 수행자로서 너무나 넓게, 방대하게 고대 문헌을 찾아서 확인해보고 스스로 수행을 하시며 말씀하시는지라 들어서는 이해하는 것은 몹시 어려웠다. 어쨌든 큰스님 가르침은 스스로 찾아서 체득하는 체험을 강조하시는 것이다. 상원사에 주석하셨던 선지식 한암 스님의 유명한 일화를 말씀해 주신 적도 있다.

6.25 때 국군은 북한 인민군이 기지로 사용할 것을 우려해 법당을 불사르려고 했다. 한암 스님은 법당에서 나오라고 총으로 위협해도 태연하게 웃으시며 "나도 같이 불사르라"고 하여 결국 법당을 없애지 못했다는 것이다.

"참 수행자는 죽음을 두려워하지 않는다. 열심히 수행하도록 해."

큰스님은 곁들여 이런 당부 말씀까지 하셨다.

하기야 당대의 대 선지식인 경허 스님도 나이 어린 한암 스님을 처음 본 순간 오랜만에 대장부를 보았다 하시며 같이 살면서 수행하시길 바랐지만 한암 스님께서 일언지하에 거절하셨다고 하지 않는가? 알 만하다, 한암 스님의 수행력을!

"천리마는 채찍 그림자만 보아도 뛴다고 하지 않던가!"

"부처님의 가르침의 핵심을 뚫고 계시니 같이 있고 없고 주변의 거리 공간이 무엇이 필요할 수 있겠는가?"

"시공을 초월하는 혜안을 가지신 분에게는 모든 것이 군더더기가 아닌가!"

큰스님, 제자들을 경책하다!

금강연수원에서 몸을 풀고 있으니 양익 큰스님께서 들어오신다. 온화한 모습으로 들어오셔서 전 대중들에게 수련장으로 다 모이라고 하신다. 그리고는 절에 상주하는 행자님과 스님들만 남고 다른 이들은 잠시 나가 있으라고 하신다.

"무슨 안 좋은 일이라도 있으신가?"

긴장하며 나가서 숨죽이고 있었더니 큰스님의 벽력같은 할이 수련장을 울린다. 처음 접해보는 일이라 당황하며 밖에 서 있으니 중간 중간 알아들을 수 있는 큰스님의 말씀이 들린다.

"내가 공양 시간 외에 공양하는 것 보았나? 또 공양간 들어가는 걸 보았나?"

"내가 거사나 스님 방 문 열고 들어가는 걸 보았나?"

"왜 공부는 하지 않고 남의 방에 들어가나?"

"왜 치열하게 용맹정진을 하지 않는 거야?"

"지금 너희들의 수련 실력을 스스로 돌아 봐!"

"내가 보기에는 전혀 실력이 느는 모습이 안 보여!"

불교에 입문하면 스님이 되기 전에 초발심자경문을 배운다. 수행자가 지키고 행하여야 할 규범과 수행자의 기본자세를 가르치는 내용 안에 있는 것을 말씀하시는 것이었다. 나도 초발심자경문을 사찰에서 배웠지만 스스로 생각해도 초발심자경문에 나오는 대로 실행하면 누구라도 이생에 부처님이 될 수 있는 내용으로, 구구절절이 옳은 말씀이 들어 있는 책이다.

일반 속인과 수행자 중에서 대 선지식을 구별하는 것은 아주 쉽다. 대 선지식은 부처님 가르침을 조금도 어기지 않고 몸소 실천하며 일반 속인은 마음으로는 알면서 행하지 않는다. 요 근래 대중들의 수행 자세가 마음에 안 드신 것이 분명하다. 큰스님의 말씀이 또 들린다.

"왜 너희들은 머리가 있으면서 올바른 가르침을 배우려고 노력하지 않는 거야?"

"수행자라면 피눈물 나게 정진해야 하며, 조금이라도 게으른 모습을 보이는 순간부터는 수행자라고 할 수 없는 거야!"

"비록 몸에 머리가 있지만 지금의 너희 모습들이 머리가 있다고 생각해?"

"지금 너희들의 모습이 인류의 대 스승이 될 수행자라고 생각할 수 있나?"

"부처님의 가르침을 배워서 부처가 되려고 스님이 된 것을 잊었어? 악!"

사실 내가 보기에는 청련암 대중 스님들의 노력하고 배우려는 자세는 분명해 보였다. 하지만 큰스님에게는 다르게 보이는 것이다. 작은 허점이 나중에는 수행을 방해할 수 있는 마장으로 크게 변할 수 있는 인연법을 경책하시는 말씀이다. 밖에서 큰스님의 경책을 들을 때마다 나는 청련암 대중 스님들이 너무나 부러웠다. 대 선지식 밑에서 공부할 수 있는 복을 전생에 얼마나 쌓았으면 이렇게 큰스님을 스승님으로 청련암에서 출가할 수 있었을까?

큰스님의 호통소리를 들으며 참으로 부럽다는 생각이 들었다. 나도 내생에는 큰스님을 스승님으로 모시고 동진 출가하여 마음껏 부처님의 가르침을 받다가 조금이라도 게으른 행이 보일 때 오늘 대중 스님들처럼 수련장이 들썩거릴 정도로 경책을 들을 수 있는 좋은 인연을 맺고 싶다는 바람과 함께.

내 영혼을 뒤흔든 가르침

하늘은 푸르고 날씨는 따뜻하다. 한참 몸을 풀고 있으니 양익 큰스님께서 들어오신다. 큰스님이 벨을 잡고 누르며 '삑~!' 하고 수련 준비하라는 신호를 주고 말씀하신다.

"다들 결가부좌하고 앉아."

두 줄로 줄 맞추어 왼쪽 줄은 안도 스님, 청연 스님, 청언 스님, 뒤로 손 거사, 우측 앞자리에는 나, 국기 법우, 박 행자님, 김 행자님, 송 행자님, 우담 법우, 장용 거사가 앉았다. 큰스님의 가르침이 시작됐다.

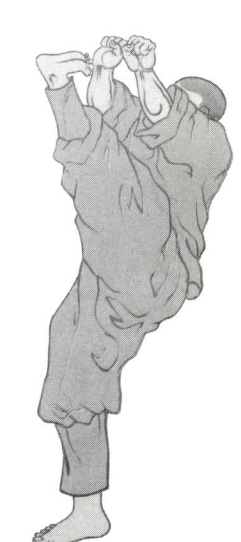

"결가부좌로 물구나무서서 정지하는 동작 시작!"

결가부좌하고 체중을 들어서 움직이지 않고 멈추는 것은 너무나 힘들다. 너무 힘이 들어 어깨와 팔을 달달 떨고 있는데 큰스님의 말씀이 들린다.

"결가부좌 상태에서 전방으로 비회공하며 돌려 쳐내고 엉덩이로 앞으로 전진, 뒤로 후진해."

엉덩이가 마찰열로 인해 후끈 달아오른다. 계속 이어지는 큰스님의 가르침.

"내회족, 외회족, 비회공을 동시에 행하며, 한 번에 바로 3바퀴 돌아 중심 잡아 봐."

한 바퀴도 아닌 세 바퀴를 돌리며 중심 잡는 것은 오랜 반복 수련이 필요한데 여기저기에서 중심을 잡지 못하고 넘어지는 소리가 들린다. 계속 큰스님께서 말씀하신다.

"상대방이 봉을 들고 공격할 때 손발로 봉을 막아서 4승형의 인계를 취하며 뺏어 봐!"

계속되는 가르침에서는 손의 부분들을 나눠서 세심하게 분석하여 방어와 공격 부위를 가르쳐 주신다. 그리고 공격하는 발의 부분을 세 등분으로 나누시고는 말씀을 하신다.

"내 몸을 여섯 명이 빙 둘러 서 있을 때는 여섯 명을 한 번에 가격해야지. 이때 발바닥으로 마치 뺨을 때리듯 빠르게 연속으로 정확하게 수평으로 돌려서 한 바퀴를 돌리며 차야 해! 그리고 한 명일 때는 뒤꿈치로 돌려 차면 간단히 제압할 수가 있지."

열정적으로 세심하게 발차기를 지도하신다. 또한 지탱하는 발의 중심 잡는 방법을 피겨스케이팅과 기계체조, 발레, 무용의 방법과 대조 연구 하시며 기계 베어링의 원리를 곁들여 방편적 가르침을 아주 정교하게 합리적으로 해 주시는데 큰스님의 세심한 관찰력에 나도 모르게 입이 벌어지고 큰스님의 무술 세계가 끝없이 넓고 깊음에 지도받는 제자로서의 감동과 남자라는 한 개인으로서의 두려움이 복잡하게 밀려들었다. 큰스님께서 나를 부르며 얼음 위에서 피겨스케이팅 하는 선수를 빗대어 말씀하신다.

"최 법사가 한번 엄지발가락 뿌리 부분에 베어링이 있다고 생각하고 한 발로 중심을 잡아 안으로 3바퀴 회전하며 발바닥으로 상단을 회전하며 공격해 봐!"

나에게 시키실 때 의문이 들어서 큰스님을 향해 궁금한 사항을 질문했다.

"큰스님, 얼음은 미끄러워서 얼마든지 여러 번의 회전이 가능하지만 현재 수련하는 바닥은 고무인데 3바퀴를 돌린다는 것이 가능하겠습니까?"

큰스님께서 말씀하신다.

"당연히 얼음보다는 힘들지. 하지만 안 되니까 노력해야지. 노력하면 겉으로 나타나는 모든 열악한 환경은 문제가 안 되는 것이야!"

큰스님의 가르침을 듣고 보니 모든 것은 반복적 노력과 할 수 있다는 굳은 믿음이 수반되어야 함을 알 수 있었다. 특히 몸을 회전시킬 때 도는 회전력을 멈추는 방법과 중심축의 원리를 들었을 때는 "이것이다!" 하고 강하게 회족의 원리와 발차기 할 때 의심되었던 동작이 한순간에 뚫리는 느낌이었다.

수련을 지도하시던 큰스님께서 특히 나를 뚫어지게 주시하시며 무궁무진한 도(道)의 세계와 기(氣)의 실체에 대해 당신께서 30년 전 동국대학교에서 겪으셨던 일과 또 다른 경험담을 인용하여 이야기해 주셨다.

큰스님께서 단검을 믿지 못할 정도로 잘 쓰신다는 것은 금강연수원 스님들께 많이 들어서 알고 있었지만 큰스님께 직접 들으니 더욱 더 불교 수행의 세계가 오묘함을 느끼게 된다. 혹시나 수행의 세계와 멀어진 채 물질만 추구하는, 믿음이 결여된 현대인들에게 세상 사람들처럼 부귀공명을 따르지 않고 사심 없이 부처님 가르침만 따라 수행하시는 큰스님의 수행 세계를 글로 남긴다는 것은 가르침을 완벽히 체득하지 못한 문하의 제자로서 너무나 어려운 일이라는 생각이 든다. 큰스님께서 말씀하신다.

"만약 큰 나무 뒤로 사람이 숨는다 해도 마음의 힘이 강하고 어느 정도 열심히 단검을 수련하면 마음의 힘을 따라 단검이 날아가지! 아무리 현대인들이 과학적으로 모든 것을 바라보고 검증하고 믿는 세상이지만 사심 없고 아상이 사라진 믿음이 수반된 수행 세계에서는 과학적으로는 믿지 못할 행위들이 이루어지는 것이야! 바로 일체유심조(一體唯心造)처럼 마음이 원하는 대로 물질을 움직인단 말이야! 내 말은 부처님 가르침을 굳게 믿고 실천적으로 수행하지 못한 사람은 눈앞에 벌어지는 신비한 형상을 보고도 절대 믿질 않는다는 거야!

30년 전 동국대학교에서 있었던 일이었지. 전에는 조계종 스님이었지만 결혼 관계(조계종은 결혼이 허용되지 않는다)로 타 종단 승려가 되어 총무원장까지 지내신 분과의 일이야. 그분이 당시 검도 2단이었는데 다른 대중 스님들이 많이 모여 있는 곳에서 검도 철학을 지나치게 논하는지라 내가 다가가 그 스님하고 검에 대해 논쟁하는 모습을 지나가던 사람들이 봤어. 승려들이 검에 대해 논쟁을 하니 참 희한한 구경거리가 생겼다고 생각했는지 많이 모여들었어! 그래서 모인 대중들 중 한 명에게 내가 다가가서 썩은 나뭇가지와 생나뭇가지를 가져오라고 한 뒤에 그 스님에게는 굵은 생나뭇가지를 잡으라 하고 나는 썩은 나뭇가지를 들고 그 스님에게 내가 썩은 나뭇가지로 상단을 막을 테니 생나무로 상단을 강하게 공격하여 보라고 했지. 그랬더니 그 스님께서 인정사정 보지 않고 공격을 했는데 그 스님 생나뭇가지가 부러지고 내 썩은 나뭇가지는 멀쩡했거든. 많은 이들이 별 희한한 일 다 보겠다며 웅성거리고 한 쪽에서는 못 믿겠다는 반응들이라 다시 한번 생나무를 가져와 한 번 더 공격해 보라고 했지만 마찬가지로 나를 후려친 생나무가 부러져 버렸어! 하지만 그 당시에 모여 있던 그 누구 하나 나에게 썩은 나무에 생나무가 부러지는 원리를 물어보는 사람이 없고 눈앞에 보이는 믿을 수 없는 겉모습에만 경악을 하며 '신비하다, 놀랍다!'라는 말들만 반복할 뿐이었어. 누가 궁금해서라도 물어보겠지 하며 기다렸지만 물어보는 사람이 없어서 말을 하지 않았지."

"자기가 들고 있는 검이 명검, 보검이라고 생각하여 상대방을 무시하면 절대 안 돼!"

"몸과 마음을 하나로 보지 않고 부처님 같은 위대한 성인의 가르침을 배우거나 믿지도 않으면서 단순한 무술만 닦는 사람은 비록 강력한 무기를 들었다 해도, 아상이 없고 부처님의 가르침을 철저히 믿고 따르는 마음의 힘이 강하여 우주의 힘을 쓸 줄 아는 수행자를 만난다면 결코 욕심 많은 이가 아무리 훌륭한 보검을 무기로 들었다 해도 하찮은 무기를 든 수행자를 이길 수 없는 것이야!"

"부처님의 가르침을 따라 진실하게 참회하며 수행하면, 또 자기 이익을 앞세우는 사사로운 욕심과 나를 내세우는 상이 없어지면 마음의 힘이 강해지지. 마음의 힘이 강해지면 우주의 힘이 나오거든. 우주의 힘은 강력한 보검도 부러트릴 수가 있는 것이니 너희들은 단순한 무술만 배우지 말고 부처님의 가르침대로 소아를 넘어 대아를 성취하는 인간 능력 무한력의 세계로 나가는 참다운 수행자가 되어야 해!"

오늘 특별히 나를 바라보며 말씀하시는 큰스님의 눈에서 난 진실한 부처님의 수행 세계를 보는 듯했다. 큰스님께서 말씀하신다.

"자기가 보이지 않는다 하여 자기가 생각하기에 도저히 말도 안 되는 불가능한 일이라 해도 참다운 수행자는 상대방 언행을 수긍하여 스스로 실천적으로 수련하여 본 뒤에 나타나는 현상을 가지고 자기 견해를 세워 상대방의 언행을 조목조목 반박해야지 자기가 체험해보지도 않은 상태에서 무책임하게 함부로 인격을 모독하는 언행을 하면 안 되는 것이야."

"부처님의 말씀은 한 치도 거짓의 수행 세계를 말씀한 것이 아니야. 있는 그대로의 세계를 표현한 것임을 명심해야 해."

"요즘 부처님의 가르침을 따르지 않는 수행자들은 스스로 부처님 가르침대로 수행을 하지 않기 때문에 부처님의 가르침을 믿지 않는 것이야!"

"내가 너희들에게 아무리 부처님 가르침을 말해본들, 너희들이 내 말을 굳게 믿고 부처님 가르침대로 실천적으로 수행하지 않는다면 모든 말이 소용없는 것이야."

큰스님의 자비로운 가르침에 말로 표현하지 못할 감동이 몰려온다. 불교 금강영관은 무술도 아니요, 기공도 아니다. 더욱이 상업적으로 이용해서도 안 되고 이용할 수도 없다는 것을 깨닫는다. 불교 금강영관은 몸과 마음을 금강체로 만들어 즉신성불로 나아가는 밀교 수행법임을 명확히 확인하는 소중한 시간이었다.

반야심경의 '불생불멸', '부증불감', '불구부정'이 무엇을 뜻하는가. 부처님께서 오랜 전생부터 왜 육바라밀을 실천하였는지 큰스님의 가르침의 인연을 통해 체득이 되는 순간이었다.

이제는 오랫동안 승속을 넘나들며 방황하던 내가 가야 할 진정한 길이 확연히 드러난다. 불교 금강영관은 비밀리에 전수된 수행법이니 회원이 줄고 느는 것에 연연하지 않고 오랜 전생에 내가 지은 업과 현생의 정도에 입각하여 인연이 되는 한에서 수행을 하며 큰스님이 살아 계실 때까지 청련암을 오르내리며 소박하게 살다 가는 길이 내 길이라 생각되었다.

"이제 겉으로 드러나는 껍데기에 속지 말자!"

차라리 가난할지언정 거짓되게 방편이라는 허깨비로 재물을 탐내어 현생을 즐기고 미래 생에 고통 받는 어리석은 생을 살지 않겠다고 다짐한다. 오늘 영혼을 불사르는 큰스님의 가르침에 눈 밝은 스승이 내 인생의 진부임을 느끼는 날이다. 밝은 스승의 가르침이 아니라면 그 누구의 말도 절대로 속지 말고 다시 한번 심사숙고할 것을 당부하며 직접 체험하는 자가 지혜롭다는 사실을 다시 한번 무술 후배들에게 일러둔다.

"속이는 자보다 속는 자가 더 어리석다!"

이런 평범한 가르침을 되새기며 이제껏 살아오며 내가 지은 죄를 참회한다. 참회 진언을 반복하여 읊으며.

"옴 살바못자모지 사다야 사바하."

"옴 살바못자모지 사다야 사바하."

"옴 살바못자모지 사다야 사바하."

둘째 마당
백척간두 진일보

기도, 울력, 수련이 모두 수행이다

청련암에서 많은 것을 보고 배운다. 무술 수련도 나를 사로잡기에 충분했지만 더욱 마음이 끌리는 것은 힘이 실린 기도 염불 소리와 지장보살님께 오랫동안 참회 절을 행하는 것, 고도의 기술과 신심으로 불사를 하는 울력 현장이다.

처음 청련암을 찾는 불자들은 작업복을 입고 전문가 솜씨로 열심히 울력하는 분들이 승랍 10년도 넘는 승려들이라는 것을 모른다. 전문적인 팀들이 불사를 행하는 줄로 착각할 정도이기 때문이다. 한쪽에서 온몸에 하얗게 돌가루를 뒤집어쓴 채 세련된 솜씨로 정을 쪼는 조각가가 10년 넘게 청련암에서 수행 중인 무술 고수 청하 스님인 줄 누가 알겠는가.

큰스님께서 주석하고 계시는 강현루는 어떠한가! 전혀 새로운 공법으로 전문적인 건축가들도 감탄하며 연구하고 배우러 오는 건물이 청련암 대중 스님들의 순수한 기술로 이루어졌다는 사실을 안다면 깜짝 놀랄 분들이 많을 것이다. 높은 누

"하루 일하지 않으면 공양을 하지 말라!"

각에서 빼어난 아르곤 용접 솜씨로 울력 중인 분이 큰스님의 불사를 책임 지도하는 스님, 15년이 넘은 승랍을 가진 청연 스님이라는 것을 이야기하지 않는다면 누가 알 수 있겠는가?

청련암에는 덤프트럭은 물론 굴삭기 같은 중장비를 완벽히 갖추고 있다. 굴삭기와 덤프트럭을 운전하며 여러 가지 힘든 일을 도맡아 하는 분이 육척도 넘는 큰 키로 금강연수원 3기부터 15년 넘게 수행하는 청언 스님이라는 것을 안다면 도대체 청련암 큰스님의 도력이 얼마나 높기에 저렇게 힘든 울력을 하면서도 힘든 내색은커녕 신심의 서원이 몸 안 가득 진실하게 묻어나올 수가 있는지 나는 할 말을 잃는다.

하루도 게으름 없이 무술을 정진하는 안도 스님을 보라. 초심의 마음이 15년 세월에도 변하지 않음을 행동으로 실천하는 모습에서 확연히 드러난다.

오늘 오랜만에 백양사 강원에서 공부하다 방학을 맞아 짧은 시간을 정진하러 오신 청영 스님은 어떠한가?

"이것이 큰스님의 불교 무술이구나!" 할 정도로 보는 눈을 의심하게 하는 동적인 무술 실력을 갖추고 큰스님께 검의 실력을 인정받아 독특한 검의 일가를 이룬 청암 스님의 수련을 보면 엄청난 검의 위세에 놀라고 검을 놓고 몸으로만 하는 뛰어난 동적 무술 실력에도 감탄사가 절로 나온다.

항상 사유하고 연구하고 어떠한 새로운, 다른 무술 기법을 보더라도 배척하지 않고 호기심 많은 아이들처럼 배워서 자기화하려는 마음가짐을 보며 많은 것을 배운다. 기도 염불을 들어보라. 그저 낭랑하고 청아하기만 한, 다른 절에서 듣던 염불 소리가 아니다. 끊임없이 탁마하는 입으로 수행하는 힘 있는 노력을 들을 수가 있다.

강하면서도 날카로운 큰스님의 필체와 너무나 닮아 있다. 수행은 행으로 하여야 된다는 큰스님 말씀처럼 다가오는 모든 반연들을 즉신성불을 지향하는 수행으로 돌리는 모습들에서 진정한 수행자의 모습이 보인다.

"노력 없이 무엇을 이룰 수 있는가?"

이런 단순한 질문을 묵묵히 행으로 실천하는 곳이 청련암이다.

"몸을 편히 쉬게 하지 말라! 하루 일하지 않으면 공양을 하지 말라!"

이런 판에 누가 승려의 생활이 놀고먹는 일이라고 하랴. 세상살이에서 무엇 하다가 안 되면 "산으로 들어가 스님이나 될까?" 하는 어리석은 사람들은 제발 청련암으로 오기 바란다. 와서 직접 느껴 보고 체험하기를 바란다.

마음의 복전을 가꾸는 일이 얼마나 힘들고 자기 자신과 어떻게 싸워야 하는지 직접 보고 항상 처절하게 영적 진화를 위해 최선을 다하는 스님들의 세계를 하나라도 배워가라!

경계에 부딪치면 목숨을 걸어라

수행은 장난이 아니다. 옛 조사들 말씀에, "백척간두 진일보"라고 했다. 더도 말고 덜도 말고 목숨을 걸어라! 동서고금을 통틀어 목숨을 걸지 않고 수행하여 성인의 대열에 오른 자가 없다.

청련암에서 수련하던 중 1988년도부터 3년간 금강연수원에서 수행하고 선방에서 참선 정진하다 오신 청구 스님이 큰스님께 들은 이야기를 나에게 전해 주셨다. 듣고 나서 말할 수 없는 감동과 열심히 해야겠다는 분발심이 고개를 들었다.

꼭 큰스님께 직접 들어야만 공부가 아니다. 큰스님께 인연된 많은 분들로부터 큰스님의 수행 세계를 듣고 배운다. 이래서 인연이란 무서운 것이다. 부처님 사후에도 생전의 행법과 올바른 진리의 법을 여러 반연으로 맺어진 훌륭한 선배들에게 배우고 있지 않은가!

청하 스님은 보통 분들보다 살이 좀 쪘는데 하루는 수행 중 큰스님께 이렇게 말씀드렸다.

"오로지 두려운것은 실천적 노력을 멈추는 것이다."

"큰스님, 몸에 불필요한 살이 많아 스스로 몸을 공중에서 마음먹은 대로 나타낼 수 없으니 적게 먹으며 살을 좀 빼야겠습니다."

넋두리하듯 올리는 청하 스님의 말에 큰스님께서 바로 화답을 하셨다.

"그렇게 일부러 수고롭게 할 필요 없어. 오늘부터 토끼뜀으로 금정산을 한 바퀴씩 뛰면 살도 빠지고 점프력도 사람 하나 뛰어넘을 정도로 힘이 붙을 거야!"

틈틈이 지나가는 말투로 큰스님의 가르침을 듣는 순간 "이것이 진리의 말씀이다!"라고 나에게 강하게 다가오는 것이 있다. 동적인 행법을 지도해서라기보다 그 말씀이 내가 듣기에는 여러 각도에서 시사하는 바가 컸기 때문이다.

큰스님 같은 선지식을 모시고 수행하셨거나 하는 분들은 복 많이 받은 분들이다. 청련암에서 수련하면서도 그분들께 수련 중 경계에 부딪치는 것은 꼭 질문을 한다. 금강연수원 출신 스님들이 청련암 시절에 정진했던 수행 방법에 대해서도 같이 수행했던 분들에게 물어보고 도움 되는 것들은 기억하여 메모해 두고 좋은 것을 받아들이려고 노력한다.

언제 어느 상황에서나 수행 중 다가오는 궁금한 사항에 대해 예의를 지키며 질문하면 스님들은 성심성의껏 당신들이 아는 선에서 조언을 아끼지 않고 답변을 해 주셔서 감사할 따름이다. 하루에 한 번씩 도시에서 산사에 올라 기도하고 청량한 가르침을 받으니 세상사 부러울 것이 무엇인가?

수련을 마치고 부처님께 참회기도를 하며 마음으로 발원 했다.

"심신이 지친 모든 이들이 정법을 의지하여 몸과 마음 안에 탐진치 삼독을 짓지 아니하고 육바라밀을 행하여 삼계고해를 스스로 건너게 하여 주십시오."

무술은 홀로 떠나는 여행이다

　오늘은 바람이 거세게 불고 있다. 마지막 남은 벚꽃들이 눈처럼 날리고 청련암엔 흙먼지 회오리가 5분에 한번씩 요동을 치는데 바람이 나에게 말을 한다.
　"눈에 보이지 않는다고 우습게보지 마라!"
　이제 원래의 금강연수원 수련 방식으로 완전히 돌아갔다는 느낌을 받는다. 그것은 꾸밈없이 스스로 자유롭게 자기의 몸과 마음의 단점을 장점으로 찾아가는 자유로운 여행처럼 순수하게 몰입할 수 있기 때문이다.
　무술을 연무하면서 남의 단점 속에 나의 모습을 비춰보고 진실하게 노력하며 수련하면 그만이다. 이렇게 자유로운 수련 방식 때문에 나는 청련암을 특히 좋아한다. 남을 의식할 필요도 없고 의식하는 사람도 없다. 지금 현재 자신의 모습에 최선을 다하는 무술인들을 향한 격려의 박수소리가 간간히

둘째 마당 백척간두 진일보

들릴 뿐.

조용한 산사에서 펼쳐지는 무술인들의 향기, 침묵 속에서 흐르는 이 열정을 어떻게 표현할 수 있을까? 수행 무술은 스스로 찾아가는 길! 그 누구도 옆에서 도와주지 않는다. 오로지 홀로 묵묵히 간다.

기본 발차기의 원리를 말씀하시다

아침에 108배를 하고 제자들에게 무술 수련을 지도한 뒤 청련암으로 차를 운전하며 오르는 중에 나도 모르게 진심(瞋心)이 올라와 다스리기가 참으로 힘들었다. 규정 속도와 차간 거리를 지키며 운행하고 있는데 뒤차가 쌍 라이트를 켜고 경적을 울리며 보채서 본능적으로 화가 치밀었다. 수행하러 절로 올라가는 길에 이런 것쯤은 참아야지 하며 화를 다스리는데 다시 한번 뒤차가 경적을 울렸다. 순간 나도 모르게 입에서 못된 욕이 나오며 차를 갑자기 세웠더니 뒤차가 깜짝 놀라며 황급히 옆 차선으로 틀며 옆으로 다가오는 것이 아닌가!

본능적으로 차에서 내려 씩씩 거친 숨을 몰아쉬며 혼을 내주려고 다가가니 황급히 옆으로 스쳐서 멀리 달아난다. 이렇게 진심과 인욕을 못 다스려서야….

범어사 경내에 진입하니 청연 스님과 청언 스님께서 상가에 장엄 염불하러 가신다며 열심히 수련을 하라신다. 요즘은 참회

기도 덕분인지 신심이 불타올라 동작 하나하나 감사하는 마음으로 정성을 다한다. 어간문이 열리며 양익 큰스님께서 들어오셔서 상단에 근엄히 앉으시고 명상에 들어가신다. 청련암에서 수련을 하다 보면 대중 스님들이 스승님인 큰스님께 예절을 다하는 모습에 말할 수 없는 감동을 받는다. 옛 어른들이 말씀하신 그대로다.

"무엇을 배우기 전에 먼저 사람이 되어라!"

"정성을 다해 예절을 지키는 순간에 몸과 마음은 도의 세계로 들어가는 것이다!"

옆차기를 하고 있으니 큰스님께서 말씀하신다.

"최 법사, 엉덩이만 넣지 말고 허리힘으로 강하게, 빠르게 차고 빠르게 접어야 돼!"

"머리를 들어 숙이지 말고 지탱하는 발을 굽히고 낭심을 방어할 수 있도록 접어야 돼!"

큰스님의 말씀을 듣고 처음엔 다른 사람에게 옆차기를 지도하시는 줄 알고 본능적으로 뒤를 돌아보았지만 분명 내 옆차기 동작을 보시고 잘못을 지적하시는 것이다.

"허리가 안 들어가는 옆차기라니? 큰스님이 잘못 보신 것은 아닐까?"

10년이 넘도록 옆차기만큼은 지구상에서 내가 최고라는 자부심이 들 정도로 매일 1000번이 넘는 반복 연습을 해 왔고 누가 보더라도 옆차기 하나는 "잘한다"는 부러움을 받곤 했는데 잘못된 옆차기라니? 한번도 내 옆차기의 기법과 파워를 스스로도 의심해 보지 않았는데 큰스님께서는 분명 허리가 들어가지 않는 잘못된 발차기라고 지적하신 것이다.

한참 자만심에 차 있을 때라면 코웃음을 치며 큰스님의 말씀을 한쪽 귀로 듣고 흘려버리고 말았을 텐데 이번에는 달랐다. 요즘 들어 스스로

"무술수련도 참회를 해야한다, 마음에 부정적 경계가 없을 때까지."

둘째 마당 백척간두 진일보

의 잘못된 아상을 녹이는 참회 절을 한 인연인지 몰라도 큰스님의 말씀이 그냥 스쳐지나가는 말로 들리지 않았다. 분명 내가 잘못 차는 것이려니 하여 거울을 보고 유심히 관찰하며 내 옆차기를 분석하니 과연 여태껏 허리가 들어간다고 생각했던 동작의 잘못된 점이 보였다.

"많은 무인들이 눈 밝은 스승님을 찾아 무술을 배우는 까닭이 바로 이것이구나. 내가 큰스님과 인연이 닿지 않았다면 죽을 때까지 나의 잘못된 기법을 자각하지 못하고 허상에 도취해 살다 갔을 것이다."

이런 생각을 하니 등골이 오싹해졌다. 큰스님의 가르침대로 허리가 들어가도록 강하게 빠르게 샌드백을 차고 접었더니 지금까지 느껴 보지 못한 엄청난 파워에 샌드백이 종이처럼 접혀서 흔들린다. 내가 차고 내가 놀라는 이 소중한 경험을 언제 맛본 적이 있었던가?

큰스님께서 김 행자님의 앞차기를 보고 말씀하신다.

"김 행자, 손을 쭉 펴서 수도로 양옆을 정확히 내려치고 상체가 뒤로 누우며 허리가 들어가게 앞꿈치로 빠르게 차고 손발을 동시에 접어야 돼! 다른 사람도 다 들었지."

내가 점프하며 뒷발로 정면을 180도 앞 돌려 차며 바닥에 떨어지지 않고 연속 이어서 앞발을 360도 뒤 돌려 차고 있으니 큰스님께서 말씀하신다.

"최 법사, 공중 점프 발차기는 차고 난 뒤 정확히 중심을 잡아서 흔들리지 않게 처음 준비자세로 돌아와 정확히 기본자세를 취해야지!"

국기 법우가 옆차기를 하고 있으니 큰스님께서 말씀하신다.

"국기, 지탱하는 발을 다 펴지 말고 굽히며 찬 발은 낭심을 방어하게 확실히 접어야 돼. 발가락 쪽을 세워서 언제든지 상대방 공격을 발목으로 못 빠져 나가게 낚아채 걸어내야 돼! 손은 어깨보다 높게 취하며 정면을 수도로 쳐내."

내가 360도 뒤돌려 차기를 하고 있으니 큰스님께서 말씀하신다.

"최 법사, 뒤꿈치로 차고 난 뒤 중심이 뒤로 가야지!"

"시선을 빠르게 보며 머리를 들어야 돼! 양손은 비회공으로 손과 발이 동시에 정확히 돌아야 돼!"

"생각을 해, 생각을! 그 다음에는 모든 것을 놓는다."

"무술 수련도 참회를 하면서 해야 돼! 마음이 부정적인 경계에 걸리지 않을 때까지."

자비로운 가르침! 하나하나 세분화시켜 무술 원리를 말씀하시는데 "아, 그렇구나!" 하고 수긍이 간다. 상승 무술이란 마음에 있는 아상을 참회를 통하여 녹여 버리고 있는 그대로 청정히 스승님의 가르침을 100%로 받아들일 수 있는 하심(下心) 상태에서 힘들지만 원칙을 지키며 몸으로 수련해야 사다리를 타고 오르듯이 진보가 되겠구나 하는 생각을 했다.

오늘 수련은 정말 소중한 시간이었다.

"불교 금강영관을 통해 수행하는 후배들이여! 옳은 가르침을 들어서 몸으로 행하지 않는다면 아는 것이 수행의 세계에서는 독(毒)이 됨을 명심하라. 느꼈으면 몸으로 될 때까지 쉬지 말고 연습하라."

금강영관은 몸으로 행해야 하는 수행법임을 절대로 잊지 마시길. 나도 나름대로 금강영관 수련 10년에 그 전의 국내 무력 10년까지 거의 20년이 다 되어 가지만, 아무리 무술을 오랫동안 수련했다 한들 무엇 하랴? 기본 무술 원리에서 기존의 동작이 잘못됐음을 항상 새롭게 깨닫고 스스로 수련하면서 틀린 기법이 보인다. 여러 무술을 오래 한 이력과 경험이 진정한 자기 실력을 터득하는 데는 쓸데없는 아집이 될 수 있다는 것을 느낄 수 있다. 그것도 아주 초보적인 기본 동작에서 느낄 때는 참담한 심정이다.

오늘 금강연수원 무술 수련을 통해 나는 과거를 모두 잊고 처음부터 새로 무술 수련을 하자고 다짐한다. 뼛속 깊이, 체험적으로! 확실히 이해하지 못하면서 수련을 하면 100년이 흐른들 다 껍데기뿐이라는 것을 각성하며.

마치 바보처럼, 잘 안 될수록 반복하라!

퍼붓는다는 표현이 옳을 정도로 장대비가 내린다. 오랜 가뭄으로 근심에 싸여 있던 농부들의 얼굴에 모처럼 웃음꽃이 피어날것을 생각하니 나도 모르게 웃음이 나왔다. 말 그대로 이심전심이다.

어제 수련에서 큰스님께서 잘못을 지적해 주셔도 내 몸이 원래의 습관대로 움직이는 것을 보고 잘못된 습이 이렇게 무섭다는 걸 느낀 터라, 정성을 다하여 큰스님께 지도받은 대로 반복 수련을 했다. 어간문이 열리며 양익 큰스님께서 들어오셔서 상단에 근엄하게 앉아 깊은 삼매에 들어가신다.

요즘 매일 500배 이상 참회 절을 하느라 하체가 내 몸 같지 않다. 뒤로 공중회전을 하려니 참회 절 탓인지 하체 힘이 부족해 본능적으로 가슴이 철렁하며 몸이 뜨질 않는다. 오늘은 완벽하게 구사한다고 착각하던 옆 돌기가 잘못됐다는 것이 내 눈에도 보여 오로지 정석으로 다시 하자는 일념으로 수련하고 있으니 큰스님께서 영동행관 4승형을

"남의 허물속에 비치는 자기의 허물을 보라!"

하라고 하신다. 왠지 오늘은 무슨 일이 있을 것 같은 예감이 스치기가 무섭게 큰스님의 목소리가 들린다.

"결가부좌한 상태로 물구나무서서 그대로 움직이지 마!"

"그 상태에서 양 발을 풀며 벌려 양옆을 차고 물구나무선 채 결가부좌를 해!"

여기저기서 중심을 못 잡아 "쿵!" 하고 넘어지는 소리가 들린다. 큰스님께서 말씀하신다.

"힘든 것을 많이 해야 돼. …사람들은 말이야, 남 앞에서는 자기가 제일 잘하는 것만 하려는 경향이 있거든. …그래서는 안 돼! 마치 바보처럼 자기가 가장 안 되는 것을 자꾸 반복 연습해야 하는 거야. …힘들고 안 되는 동작을 남 앞에 보여서 열심히 반복하다 보면 안 되는 동작도 나중에는 잘되는 것이야. …이런 마음으로 수련하는 사람이 현명한 것이야!"

하기야 불조 법맥을 이은 혜능 스님도 육조단경에서 설하시길, "자기의 허물을 드러내서 보고 남의 허물 속에 비치는 자기의 허물을 보라"고 하셨다. 내가 의심스러워 질문을 했다.

"큰스님, 무술을 할 때 왼쪽부터 시작하는 특별한 이유라도 있는 것인지요?"

큰스님께서 말씀하신다.

"왼손잡이도 많이 있지만 실생활이 오른쪽을 많이 쓰게 되어 있기 때문에 왼쪽을 먼저 많이 자유롭게 될 수 있도록 연습해야 하는 것이야."

하기야 나도 오른손잡이라 오른쪽은 손발이 어느 정도 내 마음대로 움직이지만 왼쪽은 어떨 때 보면 내 몸이 맞나 할 정도로 내 마음대로 되질 않아서 상심한 적이 있었다. 큰스님께서 논리적으로 수족의 원리를 말씀하신다.

"수족을 자유롭게 쓰면서 쉬운 기법에서 멈추지 말고 더욱 진보적으로 생각하며 계단을 밟고 오르듯이 고난도의 기법으로 수련을 해야 해. …자꾸 머리로 생각해서 자기가 영감(靈感)적으로 생각한 방법을 서로 연결시키며 몸을 통해 다각도로 표현해야 돼."

오늘 무술 수련중에 놀란 점이 있다. "몸으로 이렇게도 할 수 있구나!", "저것이 안 되는 기법인 줄 알았는데 가능하구나!" 하는 나의 내면의 소리를 들었기 때문이다.

관하면서 하는 수행 무술이란 열심히 노력하면 불가능한 것은 없다.

수없이 많은 동작이 나오는 줄 알아야

금강연수원 수련에서는 몸과 마음이 건강하여 고난도의 발차기가 잘 나온다. 수련 시작 10분이 흐르자 양익 큰스님께서 들어오셔서 상단에 앉아 깊은 명상에 들어가신다. 큰스님이 계시니 조금 더 수련 분위기가 살아서 숨쉬는 것까지 바로 느낄 수 있다. 내가 지난 시간에 가르쳐 주신 대로 정성을 다하여 외회족을 차고 있으니 큰스님의 목소리가 들린다.

"최 법사, 먼저 나가는 손은 살아 있는데 뒷손이 떨어져 죽어 버리잖아. 수도와 역수도가 완전히 살아서 돌듯이 쳐내지 않는다면 그것은 죽은 기법이야!"

알면서도 숙달이 부족하여 나도 모르게 옛날의 방식으로 돌아가는 몸을 호통 치며 바로잡아주시는 큰스님의 가르침에 감사함을 느꼈다. 이래서 하근기에는 눈 밝은 스승이 필요한 것이 아니겠는가! 큰스님의 말씀이 들리면 온 대중들은 하던 동작을 멈추고 일제히 가르침을 들으려고 큰스님 앞으로 모여들었다. 큰스님께서 말씀하신다.

"봐라! 양손 열 가락에서 변화하여 보이는 동작이 얼마나 된다고 생각해? 부처님의 수인이 400여 가지가 되는데 제각기 다 다르거든! 보이는 것은 열 손가락인데 아마 수천 가지가 이 열 손가락에서 나오는 거야! 무수한 동작이 수없이 나오는 것이야!"

"이 발가락을 봐! 모르는 사람들은 이 발가락이 …걸음을 걸을 때만 필요한 줄 알거든! 하지만 이 발가락에서도 무수한 동작이 나오는 것이야! 세 등분으로 나누어 조금 더 세분화시키면 수없이 많은 동작이 나오는 것을 알아야 하는 것이야!"

큰스님의 보배로운 가르침을 듣고 난 후 부족한 발차기의 힘을 느끼고 움직이는 물체의 감각을 쌓기 위해 진 법우, 청도 스님과 함께 샌드백을 이용해 여러 가지 발차기를 수련한 후 하산했다.

긴장감이 도는 무술 대련

오늘 신문을 보니 한국 마라톤의 대부 정봉수 감독님이 타계하셨다. 세계 일류급 마라토너 김완기, 황영조, 이봉주 선수를 키워낸 감독이다. 그 제자들이 자기 스승을 독사라고 불렀다니 가히 그분의 성격을 알 만하다.

"게으름을 부리고 훈련을 하루라도 쉰다면 원래의 몸을 만들기 위해 일주일은 혹독히 수련해야 한다!"

정 감독님의 이 말씀은 백 번 옳은 훌륭한 말씀이다.

"사흘을 쉬면 몸의 근력이 퇴보하고 10년을 수련하여도 3개월을 쉰다면 팔의 전완근이 흔적도 없이 사라진다."

인공 암벽 등반을 지도해 주시는 원장님의 이 말씀도 몸으로 직접 행하며 느끼는 살아 있는 말씀이다.

불교 금강영관을 처음으로 접했을때 나를 몹시 매혹적으로 이끌었던 것은 불교 수행법보다는

"무술은 실전에 버금가는 상공수련을 꼭 해야 한다."

뛰어난 스님들의 상공법이었다. 최고가 되고 싶다는 것은 무술을 접하는 수많은 사람들 마음에 겉으로 내색은 하지 않지만 분명히 동경의 대상으로 자리를 잡고 있을 것이다.

골굴사 시절에도 스승님께서 틈틈이 상공을 시켰다. 내가 무술 지도를 책임지는 선무도 법사가 되었을 때는 거금 40만 원의 사비(私費)를 들여 보호 장비, 마우스피스, 글러브, 아대 등을 갖추고 나름대로 무자비하게 사제들과 똑같이 돌아가며 상공을 하는 바람에 부상을 많이 당하기도 했다. 혹독하게 기본 힘을 키우는 방법 위주로 수련을 시키다 보니 어떤 사람은 나 모르게 스승님에게 최 법사님이 무술을 지도하는 것이 아니라 무지막지하게 상공 위주로 두들겨 패는 폭력 깡패 교육을 시킨다고 황당하게 모략하여 고자질하기도 하였다. 특히 상공을 하면 자기가 배운 틀에 묶인 사람들은 전혀 기술 한번 써보지 못하고 원하지 않는 공중회전을 하며 마룻바닥에서 구르기 바빴다.

골굴사 시절에는 오늘 입산한 사람이라도 이유 여하를 막론하고 무술 수련 시간에 의무적으로 동참시켜서 상공을 붙였다. 어떤 사람은 일단 한번 참관하고 정식 입산 절차를 밟고 싶다며 구경하다가 서로 입술이 터지고 코가 깨지는 격투 상공법에 눈이 휘둥그레지며 겁을 먹고 당일로 도망가는 사람도 있었다.

무술이란 것이 무엇이든 실전에 버금가는 상공 수련을 하지 않으면 막상 실전에서는 기존의 무술 수련은 전혀 통하지 않는다는 것이 지금도 변함없는 나의 견해다.

요즘 청련암에서는 가끔 보호 장비를 전혀 갖추지 않고 상공을 한다. 돌아가며 상공에 임하노라면 처음에는 공포심이 엄습하지만 점차 몸과 마음이 긴장되면서 가벼운 흥분과 함께 현실을 직시하는 눈이 열리며 죽느냐, 사느냐의 기로에 서 있는 자신을 발견할 수 있다. 어차피 도망갈 곳도 없는 현실을 바로 직시하게 되면 심신을 긴장시킨 공포심도 자연히 사라지며 상대방을 제압할 수 있다는 강력한 용기가 나타나게 마련이다.

상공을 하면 모든 거짓이 사라지고 순수한 실력만이 지배한다. 조금 거짓된 기법으로 몸을 부리는 사람은 상공에 임할 경우 큰 부상과 함께 바닥을 구르며 참기 힘든 고통을 맛보아야 하기 때문이다.

요즘 들어 청련암에서 상공을 하면서 오랜만에 세포 하나하나가 살아 숨쉬는 것을 느끼고 내가 살아 있음을 느낀다. 무술을 배우면서 상공 연습도 하지 않고 입만 살아서 수련하는 사람들은 한번 상공을 해 보라고 권한다. 과연 입만 가지고도 현실에서 통하는지, 아닌지 바로 알 수 있을 것이다. 죽은 기법인가, 살아서 숨쉬는 기법인가 하는 것은 상공을 해 보면 확연히 드러난다. 당연히 상대가 누구든 모두 나보다 뛰어난 고수라 생각하고 자만하지 말아야 하며 겸손하며 최선을 다한다면 분명 또 다른 경계가 다가오게 마련이다.

요즘 무술을 경력이나 단으로 무장하는 사람들! 전쟁터에서 나는 몇 년 수련했느니, 몇 단이니 하며 과시한다고 해서 상대가 무릎을 꿇으며 살려달라고 애원할 것 같은가? 빨리 제정신으로 돌아와 모든 가식을 버리고 진실하게 수련하길 바란다.

무술을 수련하는 것은 결코 나쁜 일이 아니다. 남을 해치지 않고 어진 사람이 나쁜 경계에 몰렸을 때 도와준다면 이것도 하나의 자비로운 보시다. 다만 선악을 분별할 줄 알고 악을 행하지 않으며 선을 위해서만 행할 수 있는 변함없는 용기가 있다면 적극적으로 무술을 수련하라고 권할 만하다.

상공 연습 중 내가 옳다는 그릇된 경계를 느끼며

　청련암 수련은 제각각 수련하는 스타일이 다르다. 완전히 자유로운 자기만의 방법이다. 김 행자님이 앞구르기 낙법을 하니 송 행자님은 앞차기, 박 거사님은 백핸드, 진 법우는 180도 내회족, 안도 스님은 옆 차고 뒤차기, 청암 스님은 내회족… 이런 식으로 자기만의 수행세계를 만드는 것이다.

　오늘 나는 영동행관 1, 2, 3승형을 상공 기법으로 연구하며 수련을 했다. 양익 큰스님께서 안 나오시면 안도 스님의 리더로 가끔 금강영관을 다각도로 연구하며 수련을 한다. 오늘은 30분 정도 두 줄로 서서 두 명씩 서로 마주보고 앞 돌려차기 막는 법과 앞 돌려 차고 바로 연결하여 뒤돌려 차기 방어하는 방법을 안도 스님의 방식대로 지도받았다. 그런데 오랫동안 익혀온 무술적 호신 방어 스타일이 나름대로 굳어져서인지, 가르쳐 주는 대로 하면 될 것을 자꾸만 나도 모르게 기존 스타일을 행하고 스님과 무술 교감이 이루어지지 않는 것이었다.

안도 스님이 가르쳐 준 스타일은 완전히 선방어하여 다음 동작으로 연결시키는 안전한 무술 기법이었고 지금까지 나는 선방어를 하더라도 두 번째로 연결시키지 않고 바로 끝내 버리는 위험한 방식을 취하는 게 습이 되었다.

"아주 못된 내 무술 기법을 그냥 던져 버리면 되는데 꼭 잡을 필요가 있나? 뭐 하러 두 번, 세 번 공격할 필요가 있나? 한 방에 제압해 버리면 되지, 뭐 하러 잡아 던지려 하지? 그냥 잡지 말고 그대로 비회공으로 올려 쳐내며 던져 버리면 다음 수도 오지 않고 바로 상대방을 제압해버릴 수 있는데…."

안도 스님이 지도하는 상공 기법이 나의 상공 기법과 다르다고 해서 나만의 방식을 고집하며 스님의 가르침을 받아들이기는커녕 비판만 하는 내 모습이 보였다.

골굴사의 선무도 법사 시절에도 나름대로 상공 기법을 연구하느라 열심히 노력했다. 그 시절 스승님도 나와 김 법사님에게 "최 법사, 김 법사! 열심히 수련해라. 누가 도전해 오면 이제 너희가 받아줘야지" 하며 책임감을 부여해 주시기도 했고 도전장이 오면 총 본원 법사인 내가 도전장을 받아야 한다는 물러설 수 없는 위치 때문에 아주 심각하게 기존의 국내 무술들을 많이 연구하게 되었다.

특히 타이 복싱, 유도, 수박도, 합기도를 직접 수련해 보았고 타이 복싱과 격투 양맥을 이루고 있던 극진 가라데 테이프(경기용 기본기)를 여러 개 구입하여 몇 번씩 보면서 두 달 정도 연구하여 "이 정도면 충분하다"고 하며 사제들을 두 줄로 세워놓고 나름대로 일합에서 제압할 수 있

"모든 도는 한 길로 통한다."

는 방법을 가르쳐 주고 흡족하여 좋아했다. 그런데 십년 전에 우연히 서울 종로5가 길거리에서 샀던 복사판의 진가 태극권 책을 뒤적이다가 화들짝 놀라고 말았다.

지금까지 내 모든 수련 경력과 다른 무술 교본이나 비디오를 분석하여 내놓은 내 방어 공격법이 진가 태극권 교본에 다 나와 있었던 것이다. 그때의 충격은 지금도 생생할 정도로 쇼킹한 것이었다.

"아, 바로 이런 것을 두고 모든 도는 한 길로 통한다고 옛 성현들이 말

쑴하신 거로구나!"

여태껏 무수히 봐 왔던 교본인데 그때는 전혀 내 눈에 보이지 않던 숨어 있는 기법이 오랜 세월이 흘러서야 보이는 현상을 느끼며 나를 새로운 세계로 한 단계 끌어올리는 동기가 되었다.

청련암에서도 처음에 충격을 받은 것은 스님들의 자유로운 무술 기법과 무릎 밑으로 온몸을 숨기는 독특한 상공 자세였는데 기존에 내가 알고 있던 상공의 기본 틀이 와르르 무너지는 것이었다.

내 몸을 무릎 밑으로 감추면 상체를 세우는 모든 무술적 기법은 50% 이상 내게 유리하게 다가온다. 골굴사 시절에 사회에서 어설프게 복싱을 배워 뒷골목을 누비고 다녔다는 외국인 사제가 길거리에서 써먹던 복싱 기법만 믿고 무술에서 나타나는 발차기의 위력을 무시한 채 무작정 들어오다가 내 옆차기 한 방에 뒤로 넘어간 뒤 다음번 상공에서는 발차기로만 대하려고 무던히 애쓰던 모습이 떠오른다.

그밖에도 2단, 3단 정도의 무술 실력을 가지면 누구나 한번은 거쳐 가는 과정으로 자기 실력을 테스트해 보려는 오만한 사람들이나 4단의 공인 사범 자격을 가진 특이한 무인들과 자의반 타의반 상공을 한 적이 있었다. 자기 실력만 믿고 급한 성격으로 오만하고 건방지게 달려드는 이들은 물러서지 않고 그 자리에서 전광석화처럼 받아 차 버리는 빠른 내 옆차기와 뒤차기에 힘 한번 써보지 못하고 무릎을 꿇은 적이 여러 번 있었다. 그 상대방들은 내가 골굴사 뒷산 야외 수련장에서 매일 천 번 이상 수법과 각법을 단련한 후 마지막 수련으로 지프차 타이어 3개를 묶어 놓은 타이어 백을 정석으로 운동화를 신고 기본 발차기를 100번 이상 했다는 사실을 모르기 때문이다.

상공이란 것이 무술 한번 안 한 사람도 타고난 체력과 스스로 터득한 기술로 노력하면 오랫동안 무술을 익힌 전문 무술인을 능가하는 경우가 우리 주변엔 많이 있다. 열심히 올바르게 실력을 갈고 닦은 무술인들도 많이 만나 보니 타이 복싱이나 복싱, 유도, 레슬링처럼 애당초 상대방과 실전 위주로 감각 기능이 연습된 투기 종목의 무인들 중에서 달인이 많았다. 예외로 합기도나 태권도, 쿵후를 시합 위주가 아닌 정통 수련하는 식으로 배운 이들 중에 실전 경험을 많이 한 무인들이 구사하는 무술 기법을 보며 저 정도의 힘에 한번 걸려들면 아무리 무술 수련을 오래 한 나 같은 사람도 예외일 수 없겠구나 생각하고 더욱 더 힘을 키우는 수련에 매진하는 동기가 되었다.

그런 경험을 바탕으로 무술을 수련하던 그때의 내 심정은 내 일합의 발차기가 상대에게 통하지 않는다면 나는 바로 무술 달인인 상대의 공격에 맞아 죽는다는 다급함 때문에 발차기 한번에도 고도의 정신 집중이 들어가 있었다. 일반 자가용 타이어보다 굵은 지프차 타이어 3개를 십자 나무로 아래위를 묶어 놓고 로프로 중심을 잡아 손으로 강하게 밀어서 오는 힘은 100킬로 정도의 파워가 있어서 어설픈 발차기로 차면 허리와 골반을 다칠 수도 있고 심하면 몸이 튕겨져 나간다.

"혹독하게 무술을 단련한 무인의 발차기는 사람도 죽일 수 있겠구나?"

밀어서 반동이 붙어오는 타이어 백이 내 발에 맞아 쑥 들어가며 요동칠 때 처음으로 이런 생각을 했다. 무술을 배우는 내가 부처님의 가르침인 지혜 수행을 하지 않는다면 오히려 오늘의 무술 수련이 내 인생을 어둡고 악한 길로 바꿀 수도 있다는 것을 알았다.

상공을 하면 일합에 상대를 제압하는 일이 그리 쉽지 않은 게 사실이다. 대단한 배짱과 일합에 끝낼 수 있는 힘, 기, 속도가 필요하기 때문이다.

양익 큰스님께서 항상 강조하시는 자유로운 경지에 다다른다면 어느 기법이라도 살아서 움직일 수가 있는데 아직 나는 그런 경지까지 못 가서 나만의 경계 속에 묶여 있다는 것을 오늘 수련에서 볼 수 있었다. 가르쳐 주면 그대로 열심히 따라서 하고 나중에 자기만의 스타일로 바꿔 응용하면서 수련하면 되는 일인데, 하여간 오랜 습이나 아상이라는 것이 이렇게 내 몸 깊숙이 숨겨져 있으니 이를 어쩌랴.

무술 수련을 끝내고 타격대를 죽도로 치는 청암 스님의 수련을 보았는데 나름대로 나무에다 그럴싸하게 타이어를 박아서 잘 만들어 놓으셨다. 더욱 기발한 것은 타격대에다 죽도를 묶을 수 있게 고정시켜 놓고서 꼭 상대방과 마주하며 수련하는 것처럼 앞의 죽도를 쳐내며 타격대의 머리, 허리, 손목을 능수능란하게 치며 수련을 하시는데 나도 모르게 청암 스님이 "머리가 총명하시구나. 아주 좋은 아이디어인데?" 하며 내심 놀랐다. 큰스님께서도 청암 스님에게는 검 수련을 하도록 허락하셨다니 정말 대단하신 분인 건 틀림없다. 하기야 어릴 때부터 이유 없이 검이 좋아 끼고 살다시피 했다니 이해가 간다.

공덕은 수행의 근본

청련암에 도착하니 양익 큰스님께서 일찍 금강연수원에 들어와 계신다. 오늘 무슨 일이 있는 걸까? 잠시 후 큰스님께서 대중들을 다 앞으로 모여서 앉으라 하신다.

안도 스님, 청언 스님, 청남 스님, 청욱 스님, 송 행자님, 우담 거사, 박 거사, 장용 거사, 진 법우, 강유 학생, 고등학생 한 명과 함께 큰스님 앞으로 다가갔다. 양익 큰스님의 말씀이 시작됐다.

"수행을 아무리 오래하더라도 공덕을 쌓지 않으면 원만구족한 부처님 세계를 알 수 없는 것이야!"

"부처님의 32상 80종호의 형상을 요즘 새로운 나의 체험에 비추어서 나의 견해를 말해보면 특히 머리에 돋은 돌기와 곱슬머리 형상은 고도의 안테나 역할을 하는 것 같아."

"어떻게 부처님께서 그 먼 삼천대천세계를 뚜렷이 말씀하셨겠나? 빛과 소리의 속

둘째 마당 백척간두 진일보

도로도 같다 오는 거리의 시간적 한계가 있는 것인데 부처님께서 아주 환하게 말씀하신 걸 보면 부처님께서 과거 오랜 인연부터 남모르는 공덕을 쌓아서 32상 80종호의 몸을 받아 원래 사람이 갖추고 있던 막힘없는, 걸림 없는 세계를 그대로 현대과학이 믿지 못할 고도의 힘으로 보고 생생히 우주의 세계를 말씀하신 것이야!"

"부처님께서는 모든 사람은 나하고 똑같은 불성이 있다고 하셨지! 왜 그렇게 말씀하셨을까? 한번 깊게 생각해 보아야 해! 맹목적인 신앙이 아니라 한 사람 한 사람 모두가 부처라 하셨지?"

"내가 범어사 극락선원(현, 휴휴정사)에서 공부할 때도 그 당시 성수 스님이 주지소임을 살 땐데 옆방 스님한테는 각종 과일 등 많은 풍족한 보시가 들어왔는데 나에게는 한 명의 신도에게도 보시가 들어오질 않았지. 그 당시 어떤 스님이 똑같이 대중공양을 나누어서 생활을 해야 한다며 작은 소란이 있었는데 나는 그 스님이 쓸데없는 일을 벌였다고 생각했지! 왜냐하면 내가 지은 복이 없어서 나에게 대중공양이 들어오지 않음을 잘 알고 있었기 때문이야."

"항상 남에게 보시를 하는 마음이 있어야 해! 보시란 꼭 재물로 하는 것이 아니야. 설사 내게 100원만 있더라도 어려운 이에게 줄 수 있는 사람이 돼야지! 절에서 시주의 은혜를 망각하고 풍족하다 하여 마구 먹거나 쓴다면 자기 복을 깎는 것이란 걸 알고 저축하는 마음으로 살아야 하며 스님이라도 수행에 중점을 두지 않고 시간을 헛되게 보내서 절에서 늙다 죽어 없어지는 한 번의 인연을 맺는다면 속인과 하나도 다름이 없다는 걸 알아야 해!"

"사람은 남에게 해를 입힐 생각도 하면 안 되는 것이야! 혹시 몸에 칼 같은 흉기도 갖고 다니면 안 돼! 항상 위급한 상황이 되면 자기도 모르

"공덕을 쌓으면 32상 80종호의 거룩한 몸을 받는다."

게 칼을 들기 때문이지!"

"그리고 항상 긍정적으로 '예' 하는 말에 습을 붙여야 되고 무조건 부정적인 말보다는 '그럴 수도 있겠구나' 하는 긍정적인 대답을 한 뒤에 잘못된 것이 있으면 그 뒤에 논리적으로 이해할 수 있도록 말을 하여야 하는 것이야!"

"비록 내가 잘못을 하지 않았더라도 많은 사람들이 내가 잘못했다고 생각하여 모든 잘못을 나에게 추궁한다면, 아! 이것이 오랜 나의 업력을 풀 수 있는 기회가 온 것이로구나! 하며 있는 그대로 받아들이면 오랜 못된 업이 이 순간 녹아 없어지는 것이고… 아니다! 하며 반론하고 대중들에게 이해를 시키려 하면 오랜 업에다 또 다른 하나의 업이 더 생기는 것이란 걸, 꼭 명심해야 해! 왜 모든 것은 그냥 오는 것이 아니야! 분명 거기에 맞는 업연이 이런 기회를 통해 해탈하려 하는 것인데 많은 사람들은 그걸 알지 못하고 보이는 한정된 세계만 보고서 모든 것을 옳고 그르다 판단하려고 하기 때문이지!"

"내가 여태껏 부처님 앞에서 법문을 하지 않는 것도 내 스스로 부처님 경지에 가지 못하고 앵무새처럼 뜻을 모르는 말을 하기 싫어하기 때문이란 걸 잘 알거야! 비록 부처님 말씀을 한다면 부처님께서 어느 경전에 이렇게 말씀하셨다고 분명히 말해야지 자기가 체험한 것처럼 법문을 한다면 크게 업을 짓는 것이란 걸 명심하고 스스로 공덕을 짓고 열심히 수행하여 진실하게 공부를 성취하여 부처님의 경지나 나의 경지가 같을 경우에야 부처님 앞에서 법문을 하는 것이야!"

"요즘에 내 스스로 느낄 만큼 부처님 육계가 쏟아 오르듯 머리 백회 부분에 변화가 오는 것에 대해서 말을 해 주고 싶어서 오늘 모이라고 한 것이야. 너희들 스스로 몇 십 년 공덕을 쌓으면 이 몸 받아서 부처님의 형상처럼 머리도 변함을 꼭 기억하고 진실하게 수련하길 바란다."

일어나서 나가시려는 것을 내가 질문을 했다.

"큰스님, 공덕이란 복과 같은 것입니까?"

양익 큰스님께서 말씀하신다.

"아니 공덕을 지으면 복과 덕이 같이 온다는 것을 말하는 것이야. 바라지 않고 남이 하지 못하는 것을 묵묵히 행하는 것이지! 전에 어떤 스님은 대중들의 속옷을 시키지 않아도 열심히 빨아서 깨끗이 다리미로 다려서 놓기도 했어. 공덕이란 복과는 다른 것이야!"

"수련들 해!" 하시며 조용히 나가신다.

요즘, 분명히 또 다른 수행 세계가 양익 큰스님에게 다가온 것을 내 눈으로 직접 확인하고 경이로움이 들었다.

  그리고 내 스스로도 자비로운 큰스님의 가르침을 듣고서 행으로 따르지 못할까 두려울 뿐이다! 아난존자도 부처님이 열반에 드실 때까지 부처님 말씀을 듣고 기억하여 경전에 기록하였지만 부처님 살아생전에는 부처님 가르침을 행으로 따라한 가섭존자가 혜명을 받지 않았는가!

  실천이 따르지 못할까 두려울 뿐이다.

끝이 보이질 않다

수련장에 들어서니 대중들이 부지런히 몸을 풀고 있는데 청영 스님의 깨끗이 돌아가는 360도 외회족의 발차기가 흐르고 청도 스님의 540도 내회족이 압권이다. 송 행자님의 놀라운 점프력을 보고 뒤에서 청영 스님이 "잘 하네" 하며 한층 분위기를 띄우고 박 거사님의 540도 외회족을 일일이 정성껏 지도해 주신다.

수련 시작한 지 한 20분 흘렀을까? 양익 큰스님께서 들어오시자 전 대중들이 동작을 멈추고 공손히 합장반배로 예를 표한다. 큰스님께서 들어오시자 한층 수련 분위기가 살아난다. 여기저기서 3~4번 공중 유형하며 고공 발차기가 연속적으로 나온다. 진 법우가 장족 앞차기를 차며 나아가자 바로 뒤에서 안도 스님이 위력적으로 뛰어올라 앞차고 뒤차기로 허공을 차는데 내가 본능적으로 소리쳤다.

"어!"

그런데 안도 스님의 두 번째 뒤차기는 정확히 진 법우의 목 5센티 앞에서 멈췄다.

"진 법우는 알까? 하마터면 오늘 목뼈 부러져서 서방정토로 갈 뻔한 걸?"

큰스님께서 말없이 20분간 조용히 명상에 드시다가 나가시고 전 대중들은 선의의 경쟁심으로 자기만의 자유로운 수련에 열중했다.

수련을 끝내고 대중들이 다 모여 수박을 먹으며 휴식한 뒤 청암 스님의 지도로 안도 스님과 한 10분 검 수련을 하고 진 법우와 함께 기본적인 보법과 검술 수련을 지도받았다. 청암 스님이 숙달 연습을 강조하며 말씀하신다.

"내가 한 열흘 후면 서울 중앙승가대학에 공부하러 올라가야 하니 그동안 열심히 기본보법과 타격대 치기를 어느 정도 숙달시켜야 겨울방학 때 내려와서 형을 가르쳐 주지, 연습 안 하면 매일 기본 동작이나 해야 돼요."

오늘은 한층 분위기가 좋은 금강영관 수련시간이었다. 하산하려고 물 좀 먹으러 수돗가로 올라가니 박 거사, 국도 법우 두 분이 돌가루를 뒤집어쓴 채 석재와 씨름하며 조각을 하느라 삼매에 빠져 있다.

지금부터 시작이다

안도 스님은 보이지 않고 거사 두 분과 수련을 시작하여 한 20분 정도 샌드백을 도반 삼아 10회씩 내회족 차기, 외회족 차기, 옆차기, 뒤차기를 하고 권으로 복싱하듯 샌드백을 두들기니 따뜻한 쾌감과 함께 몸이 좀 풀린다. 가볍게 왕복하듯 40분간 금강영관 수련을 하고 5회 정도 벽을 밟고 뒤로 360도 회전하는 연습을 했다.

수련을 끝내고 죽도로 10분간 허공에다 좌우 손발을 바꾸며 1동작 치기를 하고 청암 스님에게 배운 기억을 더듬으며 타격대에다 10분 정도 치니 몸과 마음이 상쾌하다. 요즘은 틀에서 배운 것을 자유롭게 표현하려고 애쓴다. 꼭 "이것이다!"가 아니라 "이렇게도 할 수 있다"는 식으로 자연스럽게 몸으로 표현하려 노력 중이다.

오후에는 월~금요일까지 매일 인공 암장에서 암벽을 타며 기본 턱걸이 100회, 바닥에서 뒤로 점프하여 공중돌기 20회를 힘닿는 대로 하고 허주 큰스님에게 배운 언월도와 아주 무거운 스테인리스 봉으로 봉술과 중국 도를 100회씩 반복하고 있으니 이제야 무술을 배울 기초가 선 것 같다. 이제야 무술이 무엇인지 조금 알 것 같다.

    내 안에서 "지금부터 시작이다"라는 말이 들려온다. 몸과 마음을 단련한다는 것은 너무나 좋은 일이다.

있지만 실체가 없다

 몸과 마음을 단련한다는 것이 쉬운 듯하면서 몹시 어렵다는 것을 느끼는 요즘이다. 며칠만 나태해지면 기본적 감각과 몸으로 보여주는 것이 현저히 줄어듦을 알 수 있고 다시 정진하면 보이지는 않지만 실력이 눈에 띄게 나아진다. 이것을 보면 사람이 살아가는 과정을 깨달을 수 있다. 이를테면 태어날 때 맨 몸뚱이 외에는 원래 가져온 것이 없고 죽을 때도 원래 가져온 것이 없으니 맨 몸만 덩그러니 놓고 가는 것이라는 점을 체험한다.

 부처님 말씀처럼 용맹정진 속에 보이지 않고 잡히지 않는 업력만을 가지고 끝없이 윤회하는 것이다. 범어사 입구에 다다르니 행자교육원에 들어갔던 김 행자님이 어엿한 사미승이 되어 서 있다. 나도 모르게 반가워 "스님" 하고 부르니 나를 알아보고 마주 인사를 하신다.
 "수련하러 이제 오시는 거예요?"
 가까이 온 스님께 법명을 어떻게 받았느냐고 물어보

니 '청관 스님' 이란다. 아주 뽀얀 얼굴이 바라만 보는 것으로도 내 마음에 저절로 환희의 불길이 솟아나는 것 같았다.

하지만 어제 밤에 금강암 노스님이 돌아가셔서 도반들과 큰일을 치르고 청련암에 가야 할 것 같다며 안도 스님에게 전후사정을 말해 달라고 하신다. 원래 스스로 홀로 태어났으니 다시 돌아가는 것이 자연의 이치라! 사람이 태어나 살아간다는 것이 새롭게 노스님의 죽음으로 다가온다. 청련암 수련에는 안도 스님과 다른 세 분이 함께 했다.

요즘처럼 게으름이 수시로 고개를 들 때는 다른 분들의 용맹 정진에 힘을 얻어서 이겨내려 애쓴다. 이젠 새벽에도 어둠이 드리우는 확연한 가을, 열심히 하는 길밖에 없다는 것을 새롭게 느낀다.

아상을 겸손으로 물리쳐야

인천 주안에서 명절을 보내고 며칠 만에 청련암에 오르니 향기로운 냄새가 난다. 한 달 정도 홍천으로 불사를 떠났던 큰스님과 대중 스님들이 검게 그을린 모습으로 돌아오셨기 때문이다. 매일 수련을 하건만 내 마음속에 많은 아상이 남아 있는 게 오늘도 보인다. 항상 철두철미하게 살펴본다 하면서도 아상이 보일 때는 오로지 겸손함으로 물리친다.

"죄송합니다."

"열심히 하겠습니다."

"잘 알겠습니다."

"고치겠습니다."

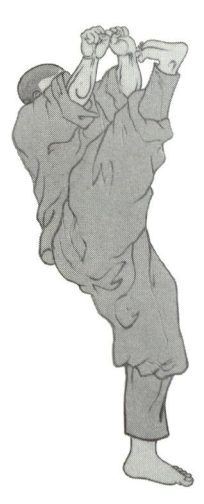

무조건 "예!" 하는 말로 시작하여 조금이라도 나를 변명하는 언행이 안 나오게 하겠다고 다짐하며 원칙적으로 수련을 시작했다. 쉬어서 몸이 무거울 거라고 생각했는데 아주 가볍게 잘 된다. 기계체조로 몸을 풀고 벽 차고 돌기를 하였는데 10여 회 반복하고 한 번 더 하려다 순간 발이 미끄러

"맨 몸으로 와서 맨 몸으로 가는 것이 사람의 인생이다."

둘째 마당 백척간두 진일보

지며 공중에서 360도 헛돌아 등을 벽에 부딪치며 넘어지고 말았다. 항상 조심하지 않으면 큰일 난다. 재빨리 돌아섰기에 망정이지, 속도가 늦었으면 벽에다 머리를 부딪칠 뻔했다.

나는 아직도 대중들을 의식해서 동작이 잘 나오는 오른쪽만을 고집하는 게 보이고 동작이 안 나오는 왼쪽은 본능적으로 피하려는 것이 보인다.

하지만 긍정적으로 생각한다. 왼쪽은 내 마음대로 몸이 따라오지 못하니까 더 반복해서 수련 하겠다는 목표가 있어서 좋은 거라고. 특히 오늘 수련에서 우족 앞차고 점프 옆 차고 좌족 밖으로 걸어내고 우족 앞 돌려차기를 공중에서 연속 4번 했는데 뜬다는 느낌과 두 번은 더 차겠다는 확신이 들어 기분이 너무나 좋았다.

제자리에서 연속 백핸드는 연결이 잘 되는데 뒤로 공중돌기는 한번씩 끊어서는 되는데 아직도 하체 힘이 부족해 연속으로 되지는 않는다. 양익 큰스님 말씀처럼 연속으로 스피드가 붙어서 점점 난다는 표현이 들어야 하는데 아직도 너무나 부족하다.

오로지 하루하루 정진하여 입으로 겉모습으로 보여주는 것이 아니라 진정 몸으로 실력을 보여주는 것이 진정한 수행임을 새삼 느낀다.

자강불식(自强不息)

청련암에 오르니 다시 홍천으로 불사를 하러 갈 준비로 분주하다. 이번에 가시면 추운 겨울이 되어야 내려오신다. 피를 나눈 형제의 인연을 맺고도 평생 같이 살기가 어렵듯이 수행으로 만난 인연들 또한 마찬가지가 아닌가 생각한다.

요즘 나의 내면의 목표가 많이 바뀌고 있음을 느낀다. 불과 며칠 전까지만 하더라도 큰스님 밑에서 3년 정도 더 정진한 후에 오로지 수련원 활성화에 중점을 두어야겠다고 생각했는데 이 생각이 틀렸다는 느낌이 새삼 몸과 마음이 물에 젖듯이 다가온다.

"수행은 세세생생 하는 것이지 몇 년 기간을 잡는 것은 아니다!"

큰스님의 가르침이 비로소 강하게 마음으로 다가오는 것이다. 하루하루 금강영관 수련이 색다르게 다가온다. 수련을 받고 행하다가 불현듯 "이것이다!" 하고 체득된 걸로 알

왔다가 한 단계 더 진보하여 들어가면 내가 알고 있었던 것이 틀렸음을 볼 수 있다.

지금부터 3년만 더 배우면 된다는 식이 아니라 마음을 비우고 스스로 완벽한 자유로움을 체득하려면 평생을 두고 차분히 시간의 개념을 놓은 채 수행해야 참 공부라는 것이 저녁에 잠자리에 누워서도 내 머리를 떠나지 않는다. 힘들지만 개인 수행과 회원의 관점에서 심리를 분석하고 회원이 받아줄 정도의 근기에 맞게 지도를 하여 수련원을 활성화하는 것 두 가지를 하나로 묶어서 가야겠다는 생각이 심신에 와 닿는 것이다.

우담 법우가 주역에 있는 글 〈자강불식〉을 예로 들어, 스스로 강하면 쉬지 않고 수행을 할 수 있다고 말씀하신다. 공부를 한다면 10년은 잠깐이고 몇 십 년을 정진하고 결국 평생을 정진해야 되는 것이 수행이 아니겠느냐며, 흐르는 물은 썩지 않지만 멈추면 썩고 하늘과 땅은 언제나 변함이 없으니까 바깥경계에 넘어가거나 뜻을 굽히지 말며 계속 멈추지 말고 수행에 전념하라고 한다.

이렇게 사상적으로 심신에 변혁이 다가올 때 색다른 모습으로 내게 가르침을 주는 주변의 스승들에게 감사함을 느낄 뿐이다.

한 발짝 더 나아가야 한다

 오늘은 청영 스님께서 기본 동작부터 일일이 시범을 보여 주시기도 하고 잘못된 것이 있으면 꼼꼼히 교정을 해 주셔서 또 다른 수행 무술을 배우는 좋은 시간이었다. 하나라도 올바르게 지도해 주시는 스님들께 가르침을 받노라면 복된 인연에 마냥 감사함을 느낀다. 모두 큰스님으로부터 불교 금강영관을 지도받으셨지만 이미 배웠던 무술과 성격이 다른 데서 나타나는 현상이 불교 금강영관을 다르게 표현하고 이해한다. 하지만 나는 배우는 입장이니 큰스님과 대중 스님들이 지도해 주시는 대로 정성껏 합장으로 예를 지키며 배운다.
 무술 원리는 궁극에서는 하나로 통하는 것이니 이미 내가 배웠던 동작을 굳이 고집할 필요가 없음을 잘 알기에 내가 배웠던 모든 것은 이 가르침을 받는 순간에는 모두 잊어버리고 청영 스님이 지도하시는 대로 똑같이 흉내를 내려 힘썼다. 누구라도 스승으로 모시며 가르침을 잘 받고 싶다면 무조건 합장 반배로

둘째 마당 백척간두 진일보

"머무르지 않고 진보하는 것이 수행이다."

정성껏 예를 올리고 고개를 숙여라.

"예."

"알겠습니다."

"감사합니다."

"다시 한번 잘해 보겠습니다."

이렇게 마음을 낮추고 고개를 숙여라! 절대로, "아니오!" 하는 부정적인 답변을 하지 말고 얼굴에도 불쾌한 모습을 보이지 말아야 한다. 배우는 자세는 절대적인 겸손이 바탕이 되어야 하며 반드시 몸과 마음을 낮추어야 한다.

항상 긍정적으로 생각하고 부정적인 것은 잊어버려라. 절대적인 공경으로 배워야 하나라도 더 올바르게 지도받을 수 있는 것이다. 수련을 끝내고 오랜만에 청영 스님께서 나에게 덕담을 하신다.

"최 법사님, 실력이 많이 늘었습니다. …항상 눈이 밝으니 실력이 느는 겁니다. 행자님도 잘 들으세요. 눈이 밝지 못하면 절대로 실력이 늘지 않습니다. 다른 사람이 하는 것을 잘 보세요. 보는 눈이 밝아야 되는 겁니다."

따뜻한 대추차를 한 잔 마시면서도 청영 스님께서 좋은 말씀을 들려주신다.

"불교 금강영관 수련법은 머무르지 않고 항상 진보하는 것이에요. 전에 배운 것에 머물지 마시고 한 발짝 더 나가야 되는 겁니다. 큰스님께서는 배우는 사람의 근기에 따라 동작을 자꾸 바꾸십니다. 앞으로 더 뛰어난 사람이 청련암에 들어와 큰스님께 더욱 진보된 가르침을 받는다면 오늘 내게 배운 기법을 고집하지 말고 또 다른 진보된 가르침을 배워야지요."

백번 옳은 가르침이다. 작은 티를 입으신 할아버지가 조용히 경내를 돌아다니신다. 양익 큰스님이시다. 서서 합장반배로 예를 올리고 김 법사님과 각 법당을 돌며 삼배의 예를 하고 나는 동래로, 김 법사님은 해운대로 하산했다.

벽타고 발차기

요즘 청련암 수련은 청영 스님께서 꼼꼼하게 교정을 봐주신다. 스님의 세세한 가르침을 받다 보면 묘하게 기분이 좋아진다. 그냥 스쳐 지나갈 수 있는 동작 속에서 손끝과 발끝의 작은 동작까지 신경을 쓰니 내가 스스로 보기에도 하루가 다르게 수련이 진보됨을 알 수 있다. 나도 모르게 날고 싶은 충동을 억누르며 몸을 공중에 띄우지 않고 기본적 수련을 익히느라 여념이 없다.

막상 실전에 다다르면 몸을 띄운다는 것은 위험하므로 빠른 기본 연결 기법만 반복적으로 수련하고 있다. 그렇다고 공중에 몸을 띄우며 수련하는 것이 실전에서 통하지 않는다고 말할 수는 없다. 다만 엄청난 반복적 수련을 소화시킬 수 있는 부지런함이 수반되어야 하기 때문에 힘이 든다는 것일 뿐!

수련을 15분 남겨두고 청영 스님의 지도로 벽 차고 오르기, 벽 차고 발차기, 옆으로 벽 타기 등을 수련했는데 내 몸을 아낌없이 던지듯 수련을 하지는 못했다. 벽 타고 오르며 앞차기를 할 때 청영 스님 머리가 근 4미터 높이의 천정 기둥에 거의 닿는 모습을 보고는 내가 죽기 살기로 했다가는 100% 머리에서 선혈이 낭자할 정도로 연수원 천정 시멘트에 머리를 강하게 부딪칠 것 같은 예감이 들어 본능적으로 몸을 사리고 말았다. 요즘 가뜩이나 뒤로 공중회전하며 떨어지다가 우측 발목이 어긋난 느낌과 오른쪽 등 또한 어혈이 뭉쳐서 고생 좀 하고 있기 때문에 더욱 그랬다.

하지만 청영 스님, 송 행자님, 박 거사님은 난다는 표현이 들 정도로 빠르고 가볍게 잘한다. 벽 또한 바닥과 동일한 것인데 오늘 대중들과 함께 뛰어 보니 마음속에 광(狂)적인 불길이 서서히 타오른다.

이제 바보가 되어야 함을 느끼며

어제 오늘 부산 날씨가 춥다. 하지만 경주 골굴사에는 얼음이 얼었다는데 남쪽이라 그런지 부산에는 얼음까지 얼지는 않았다. 이제 금정산이 겨울의 채비를 갖추어가고 있다. 어떤 나무는 잎이 다 떨어져 뼈대만 앙상히 드러낸 모습이다. 이제 부산에도 겨울이 오고 있는 것이다.

청련암에 도착하여 부처님께 예를 올리고 금강연수원에 들어서니 대중 스님들 모두 따뜻한 겨울 외투를 걸친 채 몸을 풀고 계신다.

처음 금강연수원에 입문했을 때는 오랫동안 열망하던 수련이라 죽기 살기로 열심히 해야 한다는 긴장감에 수련 시간 내내 잡념이 끼어들 빈틈이 전혀 없었다. 그런데 요 근래 나의 수련 모습을 스스로 관해 보니 정신력이 형편없이 흐트러지고 잡된 망상이 들어오는 바람에 언제 한번 날 잡아 큰스님께 죽지 않을 정도로 두들겨 맞아야 정신을 차리고 처음 모습으로 돌아갈 것 같은 생각이 들 정도다. 심신이 번뇌와 망상으로 가득 찬, 어리석은 자여!

열심히 하려는 순수한 열정이 들어오질 않고 하나라도 더 배우려는 정진력이 아니라 마치 얌체처럼 대충 길과 동작이나 보고 배우며 시간이나 때우자는 껍데기, 허수아비, 쓰레기 같은 잘못된 수행의 마(魔)장이 찾아온 것을 느낄 수 있다.

요즘은 청영 스님께 승형을 배우면서도 동작의 원리를 이렇게도 저렇게도 표현할 수 있구나 하고 받아들이는 겸손한 수행자의 모습이 아니라, "이거 뭐가 잘못된 것이 아닐까?" 하는 잡된 망상이 꼬리를 물고 일어난다.

"승형을 연무할 때는 온몸에 힘을 가득 넣어서 하다가 나중에는 힘을 빼며 해야 됩니다."

청영 스님의 이런 말씀에도 "그럴 리가 있나?" 하고 생각하기 일쑤다. 나는 그동안 "처음에는 힘을 빼고 천천히 부드럽게 하면서 동작을 몸으로 느껴야 하며, 점점 강하고 빠르게 하여야 되는 것이고, 절대로 몸을 일으켜 세워서는 안 되며 물처럼 흘러야 되는 것" 이 승형의 기본 상식인 줄 알았는데 정반대의 수련 방법으로 말씀하시니 나도 모르게 자유로운 경계로 나아가질 못하고 스스로의 경계에 안주하려는 잘못된 아상이 보이는 것이다.

이렇게도 해 보고 저렇게도 해 보고 스님들이 말씀하시면, "예!" 하며 가르쳐 주신 대로 믿음을 갖고 열심히 연무한 후에 느낀 점을 질문하며 더욱 더 열심히 연무하여 올바르게 배우려는 구도적 자세가 지금 나에게는 갖추어지지 않았다.

이제 나는 다시 초발심(初發心)으로 수행과 관련 없는 잡다함을 놓아 버린 채 눈을 감고 귀를 막고 멍텅구리 바보가 되어 오로지 금강영관 수행에 모든 것을 걸어야 한다는 절실함이 다가온다. 내가 돈을 벌려고 이 길에 들지도 않았고 명예를 드높이거나 무리를 모아 공명을 드높이려고 이 길에 들어선 것도 아니다. 부귀도, 공명도, 명예도 아닌 줄 알아서 모든 것을 버리고 이 길로 들어섰으니 이제 원래 추구하던 고향으로 돌아가려 한다.

지나온 삶을 회광반조하며

오늘이 올해 불교 금강영관 수련을 하는 마지막 날이다. 지나온 내 발자취를 돌아본다. 나는 20대에 서원을 세웠다. 그 서원은 이랬다. 20대에는 돈을 벌어 재물을 늘릴 생각을 하지 말아야 하며 작은 돈이 있으면 오로지 심신(心身)을 밝히는 배움에 쓰며 밭품을 팔아 널리 눈 밝은 스승님을 찾아서 무술과 도학을 열심히 배우자. 30대에는 그 배운 것으로 오로지 열심히 일해서 기본적인 삶의 기둥을 세우고 40대에는 30대에 일군 것을 잘 정리하자. 그리고 50대에는 모든 것을 놓아 버리고 도학을 위해 살자. 지금의 내 모습을 되돌아본다. 서른도 중반, 20대에 이루고자 했던 서원을 겨우 지켰다. 하지만 결국 지켰다.

관상학에는 30대 이전에는 선천이라 부모의 운이 따라 주지만 30대가 넘어서면 스스로의 얼굴을 책임져야 한다고 말한다. 나는 스스로의 얼굴을 책임지고 있는가? 거울에 비춰보듯 조심스럽게 마음자리를 살펴본다. 그 또한 늦

었지만 밝게 웃는 내 모습이 자랑스럽다. 나는 결혼했다. 아이가 둘이 있으며, 그동안 가장으로 어딘가 불안한 듯 자신이 없었다. 부산에 보금자리를 꾸미고 살면서도 가정을 완전히 이끌고 있다고 확언하기에는 부족한 것이 느껴졌다. 하지만 지금은 전혀 그렇지가 않다.

내 스스로 아버지의 역할에 자신감이 생겼다. 또한 제자를 키워도 손색이 없는 스승의 조건을 갖추었다고 이제는 확언이 공표할 수 있다. 불교금강영관을 수련할 때 그 누구보다도 더 잘할 수 있다! 아니, 내가 최고다! 라고 나는 말한다. 이런 자신감 있는 말은 수행의 세계에서 겸손함이 없는 말로 들릴 수 있겠다. 하지만 이런 자신감을 나타나는 것이 수행을 하는 과정에서는 여러 번 나타나는 경계 중 하나라 자위한다.

때론 지나친 겸손과 하심은 수행에 방해를 준다. 이 말은 지독하게 정진을 해 본 사람은 수긍을 할 수 있는 말일 것이다. 물론 수행정진을 안 해 본 사람들이 건방지다, 겸손과 하심이 없으니 이제 수행은 끝났군, 하며 무책임하게 말을 내뱉는 것이야 어쩔 수 없겠지만. 내 말이 오해 없기를 바란다.

이 책이 개인의 이야기를 많이 담고 있다 보니 바라보는 관점에 따라 오해를 살 수 있는 글이다. 하지만 내가 자신감을 피력하는 이유가 있다. 나는 자부심이 생긴 것이다. 나는 몸과 마음이 남을 지도할 만큼 조건을 갖춘 후에 남 앞에 서겠다는 결심을 했다. 내 스스로 한 결심을 지키려고 여러 스승님들을 찾아 쉬지 않고 잠을 두세 시간 자면서 무술을 수행했다. 나는 스스로와 한 약속을 지킨 것이다. 이것이 내 자부심의 근간이니, 자신감을 가져도 될 법하지 않겠는가?

이제는 내 다혈질인 성격과 말을 하면 몸으로 확실히 밀어 붙이는 저돌적인 행동을 스스로 제어할 힘이 생겼다. 이것은 변함없이 부처님께 귀의하고 끊임없이 참회를 하며 경전을 독경하는 가피력에서 온 것이기에 나는 더욱 많은 사람들이 불법에 귀의하기를 권한다.

"종교를 떠나서 철학적으로라도 불교를 공부해 보라고."

요즘, 지금까지 열심히 했으니 이제는 좀 쉬었다 가라고 내 몸과 마음이 나에게 정중히 이야기한다. 여기서 잠시 멈추지 않는다면 거문고 줄이 너무 팽팽해서 끊어질 수 있음을 경고하고 있는 것이다.

몸은 나에게 거문고 줄을 조금 늦추고 조화를 맞추어야 한다고 말한다. 부처님의 가르침을 따르라고 그래야 더욱 높고 넓게 나아갈 수 있다고 조언을 하는 듯하다. 이제 내 내면에서 들려오는 이 가르침을 나는 따르려 한다.

올 여름에 난생처음 식중독으로 두 번, 근래 몸살감기로 두 번 병원을 다녀왔다. 근래에는 생전 처음으로 한의원에 가서 침도 맞고 약 처방도 받고 지금의 내 몸 상태를 점검받으며 지나온 세월을 뒤돌아보았다. 그 동안 나는 하루하루를 무술에 미친놈처럼 보냈다. 나는 아침밥도 먹을 시간이 없어 빵과 우유로 때우고 청련암에 올랐다. 불교금강영관을 수련을 하는 시간은 온몸에 땀을 흥건히 흘릴 정도로 전력했고 오전 10시 30분에 동래수련원으로 돌아와 제자들에게 불교무술을 지도했다. 그쯤 되면 체력이 급격하게 떨어졌는지 머리가 어지럽고 눈이 가물거렸다. 또한 점심공양을 마친 다음 부처님께 1000배 참회 절을 한 후 손가락과 하체 힘을 키우기 위해 인공 클라이밍을 하러 간다. 인공암벽 타기도 쉬운 일은 아니다. 1시간 동안 암벽을 오르면 역시 땀범벅이다. 또한 오후 내내 금강연수원 스타일로 거칠게 학생제자들과 무술수련을 함께 한다. 주말에는 새벽까지 경주 보림선원에서 소림 병기술을 배운다. 일요일은

"기쁨은 고통을 먹고 자라며 행복은 만족을 먹고 자란다."

아이들과 놀아 준다. 내 몸에 겨를을 안 준 것이리라. 지나침이 모자람만 못하다고 했던가? 몸의 조화가 깨진 것이다.

1. 매일 다섯 번 이상 온몸에 땀을 흘리며 동적수련을 했다.
2. 두세 시간의 짧은 수면을 취했다.
3. 청련암 금강연수원 무술 시간을 맞추기 위해 아침을 먹지 못하고 가벼운 우유 하나와 빵으로 대체한 후 혹독하게 무술수련을 했다.
4. 지나친 용맹정진수련으로 오장육부의 피로와 극도의 기력소모를 가져왔다.

5. 이런 상태에서 타고 난 다혈질 성격에 스스로 옳고 그른 경계에 걸려서 옳은 행위를 하지 않는 가까운 이들의 행위에 마음에 상처를 받아 화병이 생겼다.
6. 화병으로 기력이 급속히 떨어지며 몸살감기가 찾아왔다.
7. 화가 심장에서 시작되어 폐를 다치게 했다.
8. 숨을 쉴 수 없을 정도로 죽을 때나 찾아오는 어깨호흡을 하며 편히 드러눕지도 못했다.
9. 일주일간 39도가 넘는 고열에 모든 삶을 포기할 정도로 심한 우울증을 앓았다.
10. 얼굴색은 죽은 사람이나 죽을 사람에게서 발견할 수 있는 짙은 회색으로 변했다.

지금까지 내가 겪어온 몸과 마음의 병이다. 나는 탐·진·치 삼독 중 진심(嗔心 : 성내는 마음)에 꼼짝없이 걸렸으니 지금 죽을 수도 있다는 생각이 들었다. 그런 상황에서 처음으로 본능적으로 냉정하게 마음을 쉬고 죽음을 있는 그대로 바라보았다. 또한 이제까지 나를 도와주던 주위 모든 분들께 마음속으로 감사한 마음을 되새겼다. 여태껏 살아오면서 옳고 그름을 분별하려다 보니 모든 경계에서 내 마음에 상처를 준 사람들을 마음속에서 진정으로 용서하고 마음에 다가오는 모든 애착을 놓아 버렸다. 그러자 몸과 마음이 빠르게 스스로 평정심을 찾아갔다.

나의 동래수련원 제자인 백산한의원 원장님이 충고의 말을 한다.

"최 법사님이 부처님 가르침을 배우지 못해 마음을 다스리지 못했다면 아주 위험한 상태로 발전될 수 있었습니다. 올 겨울은 기력을 돋우는 데 신경을 써야 합니다."

원장님의 말씀이 전혀 의학을 배우지 않은 내가 마음속 깊이 들려오는 내면의 해답과 동일했다. 부처님 가르침이 아니었으면 다가오는 새해를 맞이할 수 없었다는 생각에 더욱 부처님께 귀의하는 신심이 생기는 계기가 되었다.

전생에서 한 번 더 몸을 바꿔 현생에 태어남을 느끼며

　오전 11시에 가족들을 데리고 금정산 청련암에 들렀더니 대중스님들이 따뜻하게 반겨주신다. 오늘 송 행자님이 예비승려가 되는 첫 관문인 행자교육원에 들어가신다며 밝은 모습으로 범어사로 떠나고 청언 스님, 청연 스님, 청영 스님, 청관 스님께 현재의 내 몸 상태를 이야기하고 당분간 수련을 나오지 못하겠다고 하니 청언 스님께서 다가와 나에게 말을 한다.

　"최 법사님! 진심을 다스리지 못해 혈관이 터져 폐에 피가 고인 것입니다. 진심이 독(毒)이지 않습니까? 모든 맺힌 마음을 열고 진심을 버리고 자비심을 기르시면 병이 나으니 걱정하지 마세요. 오랫동안 최 법사님이 청련암에 오지 않아서 대중들과 병문안 가려던 참인데 잘 오셨어요." 하신다.

　언제나 따뜻하고 포근하게 청련암 대중스님과 거사

님들이 반겨주니 고향집에 온 것 같은 느낌을 받는 하루다. 근래 나의 심신이 죽음의 문턱에서 부처님의 가피력과 자비보살님들의 도움으로 살아나는 것을 알 수 있다.

이틀 전 나의 제자인 백산한의원 원장님이 말하기를,

"최 법사님! 이제 위험한 고비는 넘긴 것 같습니다. 열흘 전 맥을 보았을 때에는 허약한 오장육부 중에서도 특히 폐가 바짝 말라 있어서 위험했는데 지금은 봄날 나무에 물기가 오르듯 물기가 잡히고 맥이 살아남을 느낍니다."

"열흘 전 두 번째 약 또한 일반 환자의 두 배에 해당하는 강한 약재를 썼는데 법사님 몸에서 받아 주어서 효과가 난 것 같습니다."

"하여간 대단하십니다! 보통 일반인들은 강한 약을 몸으로 받아내지 못하거든요? 지금부터 더욱 몸에 땀을 흘려서는 안 됩니다. 또한 기를 축적하는 수련과 몸을 보하는 음식과 이제는 조금 약한 약을 병행하면 더욱 차도가 있을 것 입니다." 하시며 정성스럽게 침을 놓아 주시고 치료를 해 주신다.

정말 하루가 다르게 몸이 좋아지는 것이 느껴진다. 인술(仁術)로 나를 치료해 주는 백산한의원 한 원장님과 민속처방 약으로 여러 번 위험한 고비를 넘기게 해 준 김 거사님, 경희한의원 우 원장님, 설원에 계시는 천 법사님, 그리고 동생의 병을 치료해주려고 손수 명약을 지어온 형님과 누나를 보며 이분들은 부처님께서 이생에 불법을 더 닦으라고 내게 보내신 자비보살님들이라 생각하며 더욱 몸과 마음을 부처님 가르침을 따라서 용맹정진하여야 함을 느낀다.

이제 서서히 몸에 힘이 솟으니 다시 미친 듯 정진하고 싶은 열정이 되살아나고 있다. 하지만 완전히 몸이 회복될 때까지 조금 더 참아야 한다. 몸을 쉬면서 근본불교수행에 대해 경전을 읽고 바른 마음으로 꼼꼼히 사유한다.

죽을 줄 모르고 지나치게 정진하여 죽음의 문턱까지 다녀와 보니 이제 진정 내가 가야 할 길이 어디인지 확연히 보인다.

나를 지도하신 스승들 또한 부처님을 따르는 제자이시고 나 또한 부처님의 가르침을 따르는 제자가 아닌가! 내 자신을 뒤돌아보고 스승들께 배운 것을 방편삼아 부처님께 한발 더 나아가려 더욱 더 불교를 파헤치듯 공부한다.

이제 내 나이 인생의 황금기인 35살. 싯다르타 태자도 6년의 고행 끝에 내 나이에 무상정등정각을 이루시고 부처님이 되어 80살이 되어 열반에 들 때까지 깨달음의 길을 무수한 방편을 삼아 중생들의 근기에 맞도록 펼쳐 보이시고 광명(光明) 속으로 가시었건만! 지금의 나는 어디까지 온 것인가? 스스로 여태까지 걸어 온 길을 마음속 깊이 점검하고 부처님의 정법인 고통과 번뇌를 여의고 해탈에 이르는 성스러운 올바른 길인 팔정도(八正道)를 내 인생이 행하여야 할 마지막 목표로 삼고 실천적 가르침을 통하여 나와 남을 위해서 올바른 스승, 수행자로 살다가는 것이 법사(法師)의 길인 것이다.

스승님들의 가르침은 부처님이 되기 위한 방편적 가르침이니 이제는 스승님들을 의지하지 않고 오로지 석가모니 부처님을 스승으로 삼아서 부처님의 말씀을 기준으로 내 몸과 마음을 수련하여 이제껏 배운 스승들의 수련법에 부처님의 가르침으로 살을 붙이고 영혼을 불어 넣어 피가 돌게 하여 한걸음 더 올바른 깨달음에 나아가고자 한다.

부처님께서도 "불법(팔만대장경)은 진리를 가르치는 방편이다. 깨달음을 이루면 부처님의 가르침도 버리라" 했으니 하물며 다른 것이야 말해 무엇 하겠는가!

　부처님께서도 말씀하셨다.

　"정각(正覺)을 이루신 후 중생이 모두 부처의 씨앗인 불성이 있건만 분별망상에 가리어 진리를 보지 못한다. 수행자는 오로지 정법에 의지하고 스스로를 의지하여 수행을 하라.(자등명自燈明, 법등명法燈明)"는 유훈의 말씀처럼 부처님 가르침과 오직 내 스스로의 내 안의 불성만을 의지한다.

셋째마당
양익 큰스님

홍천 시방원에 계시는 양익 큰스님을 찾아뵙고

요즘 오랫동안 수행해온 불교 금강영관에 대한 모든 것이 주변 수행자들의 언행으로 내 몸과 마음을 혼란스럽게 한다. 비록 힘든 선택이지만 양익 큰스님을 찾아뵙고 여태 내가 확연하게 몰랐던 궁금한 모든 상황을 허심탄회하게 말씀드리고 큰스님의 가르침을 받고 싶은 마음이 간절했다. 토요일 오후 4시, 큰스님께서 절을 세우시고 계시는 홍천 시방원에 찾아가리라 마음먹었다. 오래 전에 적어둔 시방원의 주소와 교통 지도를 들고 가족들을 차에 태운 채 무작정 강원도 홍천으로 향했다. 물론 초행길이었다.

밤 11시 무렵 홍천에 도착하였다. 하룻밤 민박을 하고 아침 겸 점심 공양을 길가 식당에서 해결한 후 큰스님과 청련암 대중 스님들이 지극 정성으로 불사를 하고 있는 시방원(十方院)에 도착하니 오후 2시다. 점심 공양 시간이었다.

우선 청연 스님, 청욱 스님, 청언 스님, 청암 스님, 청신 스님, 공양간을 도와주시는 비구니 스님 한 분과 보살님 세 분, 문 거사님, 김 거사님께 인사를 드렸다. 큰스님께서는 점심 공양 후 휴식 중이시라고 해서 우선 도량을 돌아보고 부처님께 참배를 했다.

시방원은 중간의 안락전(安樂殿)은 완공되었고 큰 법당을 장엄하게 세우는 중이었다. 휴식시간을 이용해 대불과 금강연수원이 세워질 도량 터인, 큰스님께서 젊을 때 용맹 정진으로 수행하셨던 섬 정신들로 향했다.

제법 물이 깨끗하고 허벅지까지 잠기는 냇가에서 2시간 동안 가족들과 물장구놀이를 한 후 시방원에 돌아오니 대중 스님들께서 울력 후 참을 들고 계셨다. 대중 스님들과 가볍게 참을 먹은 후에 잠시 담소하고 있으니 큰스님께서 불사 현장을 돌아본 후 대중들이 참을 먹고 있는 곳으로 내려오신다. 청언 스님이 먼저 다가가서 큰스님께 말씀드린다.

"대전에 계시는 최 법사님이 가족들을 데리고 왔습니다."

곧이어 내가 다가가 합장의 예를 올리니 반갑게 맞아 주신다. 대중 스님들은 모두 울력을 하러 가시고 큰스님께서 나에게 다가와 "오느라 수고 많았어." 하시며 자리에 앉으라고 하신다. 이곳은 저녁 공양이 오후 8시인데, 오후 5시부터 장장 3시간 동안 큰스님께서 아주 자상하게 그동안 내가 궁금했던 모든 것을 관법으로 미리 아시고 묻기도 전에 정성껏 말씀을 해 주셨다.

출가 전에 밤마다 단검술을 수련하다

"출가하기 전 일이야. 섬에서 병마를 이기려 수행할 때 밤에는 심심하더라고. 그래서 그동안 재미로 가끔씩 수련하던 미군용 단검을 체계적으로 연구하며 언제 어느 상황에서나 마음먹은 대로 움직일 수 있도록 수련법을 체득할 수 있는 방법이 없을까 다각도로 생각했지. 처음에는 앞에다 나무를 세워 던졌는데 잘못 하다가는 단검이 나무에 튕겨 나에게 직접 날아오는 바람에 몸이 다치겠더라고… 그래서 이거 안 되겠다 싶어 다데미를 세워 칼날을 잡고는 회전하며 던졌지.

이때는 직접 단검을 손으로 돌리면서 목표물과 던지는 지점의 회전 거리를 정확히 재서 연습을 했더니 정확히 꽂히는 거야. 오른손으로 완벽하게 되면 왼손으로도 연습을 했지. 한 쪽만 수련하는 것은 절반만 수련하는 것이고 양손을 자유

롭게 써야 조화가 맞는 것 아니겠어. 하지만 단검 날을 잡고 던지는 것이 좋기는 한데 손도 자주 다치고 목표 거리와 회전력이 맞아 떨어지지 않을 경우에는 실수가 많이 나는 거야. 그래서 거리 감각을 키우며 거리에 관계없이 잘 던지는 방법이 없을까 관(觀)했지.

　이제 칼날을 잡고 마음먹은 대로 잘 꽂히자 나는 생각했지. 왜 꼭 칼날을 잡고 던져야만 할까? 손잡이 부분을 잡고 던질 수는 없을까? 이렇게 생각하고 손잡이 부분을 잡고 연습을 했지! 이때 나는 단검을 위에서 아래로 던지듯 연습을 했는데 이제는 단검을 옆으로 던지듯 연습을 했지. 될 때까지 계속 연습했더니 잘 되는 거야. 그래서 또 관(觀)했지. 이제는 단검을 회전하지 않고 똑바로 직선으로 날려서 꽂는 방법이 없을까? 단검이 회전하지 않고 날아오면 회전하는 것이 없어지니 단검이 눈앞에 다가와서야 단검 끝이 보이기 때문에 상대방이 피할 시간이 없는 거야. 그래서 좌우 손을 번갈아 가며 마음먹은 대로 단검이 정확히 목표지점에 꽂힐 때까지 연습했지.

　그 다음엔 단검을 잡고 던지는 자세를 취하지 않고 바로바로 던지는 방법이 없을까 하고 단검을 빼자마자 어느 상황에서나 바로 던질 수 있는 방법을 관(觀)했지. 이 방법도 오래 연습하니 내 마음먹은 대로 체득이 됐어. 이번에는 꼭 단검을 손으로 잡고 던져야 하나 하는 생각이 드는 거야. 손등에다 올려놓고 바로 던지는 방법은 안 될까? 그래서 손등에 단검을 올려놓고 바로 던지는 연습을 했지. 이 방법도 오래도록 연습하니 체득이 되는 거야. 단검 쓰는 방법이 계속 발전하자 몸의 감각 기능도 더욱 발달되는 거야. 그래서 더욱 연습하며 감각기능을 기르니 자신감이 더 강해지고 이제 단검에 마음의 힘이 실리는 거야. 단검에 마음의 힘이 실리니 내 마음먹은 대로 정확히 원하는 목표로 날아가는 거야.

그래서 이번에는 단검 두 개를 하나씩 양손에 쥐고는 왼손으로 먼저 던지고 오른손으로 다음에 던져 목표에 꽂힌 두 개의 단검 끝이 정확히 만나도록 집중적으로 연습했지. 이것도 오래 수련하여 좌우 번갈아 자유롭게 던져서 단검 끝이 정확히 모아지도록 체득했지. 그리고 또 관(觀)했어. 우측 단검을 먼저 던진 후에 좌측 단검으로 목표물에 꽂혀 있는 단검 손잡이 끝 모서리 부분을 정확히 맞추어서 꽂힌 단검이 더욱 깊이 들어가게 할 수는 없을까? 그래서 계속 단검을 던지는 수련을 했더니 마음먹은 대로 체득이 되었지.

그 다음에는 단검을 빠르게 몸에 숨기는 방법을 연습했지. 그러니까 오른손으로 단검을 숨기고는 왼손으로 빠르게 받아서 바로 던지는 방법을 다각도로 연구하며 자연스럽게 될 때까지 연습하여 체득했지. 사방 어디로든 내 마음대로 단검이 날아가도록 연습한 후에는 상대방이 내게 단검을 던질 때 받는 연습을 했는데 날아오는 단검의 손잡이 부분을 정확히 탁탁 잡아낼 때까지 오랜 기간 정신을 집중하며 연습하여 체득했지.

마음먹은 대로 단검을 잡고 던지는 연습을 하다가 이제는 마음먹은 대로 마음의 힘을 실어 은행나무를 세워 놓고는 단검을 밑 둥지에다 던져서 목표 지점에서 위로 90도 방향을 틀어서 은행나무 윗가지에다 꽂는 연습을 했지. 생각을 해 봐! 이건 이론이나 과학적으로는 이해가 안 되는 방법이지? 기존의 관념을 부수지 않으면 말이 안 되는 거야. 하지만 힘이라는 것은 몸에서만 나오는 것이 아니라 생각에서도 나오고 마음에서도 나오지. 하루는 내 수련을 몰래 훔쳐보던 사람이 경찰서에 가서 신고를 한 거야. 저기 어떤 사람이 귀신같이 단검을 잘 던지는데 못된 짓을 하는 사람 같다고 말이야. 그래서 경찰서에 가서 이야기를 했지. 이건 내 스스로 수행 삼아서 연습하는 단검술이지, 절대 나쁜 일을

"올바로 수련하면 몸의 힘, 생각의 힘, 마음의 힘, 우주의 힘이 나온다."

하려고 하는 것이 아니라고 말했더니 알았다며 순순히 풀어 주더라고.

마음의 힘을 실어 90도로 꺾이도록 던지는 방법이 체득되자 이번에는 꼭 눈을 뜨고 해야 하나, 눈을 감고 할 수는 없을까 하고 생각했지. 그래서 눈을 감고 머리 위로 단검을 던져서 내려오는 것을 몸의 감각 기능을 이용하여 손잡이 부분을 척척 잡아냈지. 날이 날카롭게 선 상태라 조금만 방심해도 죽을 수도 있고 크게 다칠 수도 있는 상황이라 고도로 정신 집중을 해야만 했지.

아마 나는 이때도 불보살님이 나를 도와주신 게 분명하다고 생각해. 또 하나 느낀 것은 몸의 힘과 생각의 힘 마음의 힘을 알 수 있었고 한 걸음 더 나아가 우주의 힘을 스스로 체험하고 체득하는 경험을 했지. 항상 보통 사람이 느끼지 못하는 우주의 힘이 존재하거든. 눈을 감고 마음먹은 대로 연습하여 체득한 후에는 나뭇잎 떨어지는 것을 목표 삼아 나뭇잎을 관통할 수 있도록 연습을 했는데 이 방법은 체득하기까지 아주 힘들었지.

다음에는 단검을 잡고서 밤에 대련 연습을 했는데 단검이 부딪힐 때마다 불꽃이 일어날 정도로 스스로 열심히 수련하고 제자들에게도 가르쳤지. 하지만 단검이라는 것은 위험한 거야. 그래서 출가 후에는 몇 명 가르치다가 병기술은 가르쳐 주지 않고 권법만 가르쳤지. 최 법사도 영동행관 승형을 하며 단검이나 봉을 들고 해 보면 알 수가 있을 거야. 모든 무기는 손의 연장선에 있는 거야. 그리고 무기, 특히 칼은 갖고 다니지 말아야 해. 사람이란 자기도 모르게 위험한 상황에 처하면 무기를 들거든. 무술은 사람을 살리는 거지, 꼭 죽이려는 짓은 올바른 무술이라고 할 수 없어.

출가하여 금강연수원에서 승려로 수행할 때 하루는 어떤 검도인이 대중들 앞에서 검 자랑을 지나치게 하기에 내가 의자를 멀리 앞에다 두고서 출가 전에 쓰던 미군 단검을 쥐고서 그 거사에게 내가 이 검으로 던져서 저 의자 다리를 몇 개나 맞힐 수 있겠냐고 물어봤어. 거사가 황당한 표정을 지었어. 아무 말 없이 서 있는 거사의 마음을 바라보니, '스님이 무슨 말을 그렇게 하나? 단검 하나로 의자 다리 하나 맞추면 잘하는 거지! 스님도 참, 별걸 다 물어본다'고 생각하는 거야. 그래서 내가 단검을 회전하듯 던져 버렸더니 검이 돌면서 다리 세 개를 깊게 베듯이 지나간 것을 거사가 걸어가 확인해 보더니 그 거사 얼굴이 창백해지는 거야. 사실 그때 처음 부처님 경전에 있는 것처럼 마음먹은 대로 모든 것이 이루어진다는 말씀을 굳게 믿고 시도한 것이야! 마음에 힘을 실어 의자 다리 세 개를 향해 단검을 던진 건데, 막상 단검이 다리 세 개를 깊게 베듯이 지나가는 것을 보고 나도 깜짝 놀랐어! 경전에 있는 부처님 말씀은 그대로 사실이야, 거짓말이 아니야!

내가 거사에게 다시 한번 말했지.

"나는 한 번에 서너 명을 자유롭게 세워놓고 단 한 번 단검을 던져서 모든 사람을 맞힐 수 있다."고 했더니 그 후로 그 거사가 다시는 검 자랑을 하지 않더군."

내가 질문했다.

"큰스님께서는 현생에 스승 없이 스스로 관(觀)하시며 단검을 마음먹은 대로 자유롭게 다루셨는데 혹시 전생에 미리 단검술을 익히고 오신 것은 아닙니까?"

큰스님이 말씀하신다.

"모르지. 하지만 전생에 미리 안 닦았다고는 말할 수 없지."

무술은 받아들이는 사람의 마음 그릇에 따라 사람을 죽이는 독이 되기도 하고 사람을 살리는 약이 되기도 한다. 그래서 옛날이나 지금이나 무술은 함부로 공개하지 않으며 올바른 제자를 만나지 못하면 전수하지 않고 무덤까지 가지고 가는 것이다. 병기를 배제한 체술도 무서운 파괴력을 구사하는데 하물며 쓰기에 따라서 살상용으로 바로 쓰이는 단검술을 책으로 공개한다는 것은 말해 무엇 하겠는가?

만약 큰스님이 수련했던 방법 중에 마음의 힘 우주의 힘을 전달시키는 고차원적인 수행 내용이 들어가지 않고 단순한 몸의 힘과 기술만으로 이루어진 단검술을 나에게 말씀하셨다면 결코 많은 이들에게 공개적으로 글로 전달하지는 않았을 것이다.

마음의 힘을 넘어 우주의 힘이 나오는 경계란 나를 앞세우는 사사로운 욕심이 가득 찬 경계 안에선 절대 나오지 않는 법이다. 이를테면 보통 사람이 바라보는 견해로 보통 사람이 불가항력적인 위험한 상황에 노출되었을 때 자기도 모르게 무심의 경지에 들어가서 가끔 나타나는 도저히 믿을 수 없고 이해할 수도 없는 초능력의 세계가 마음의 힘, 우주의 힘을 조금이라도 실증시키는 경계라고 나는 받아들인다.

나 홀로 마음에 새겨두지 않고 큰스님의 단검술을 공개하는 이유는 바로 여기에 있다. 그 어떤 위험한 병기를 수련해 체득했다 하더라도 마음의 힘을 쓸 줄 모르는 사람에게 병기는 한낱 몸을 지키는 흔한 도구에 지나지 않는다. 마음의 힘, 우주의 힘을 쓰는 방법을 배우지 못하고 단지 심신수련의 방편으로 여기고 겸손한 구도자의 마음으로 배워서 승화시키지 못하는 무인의 어리석음이 불쌍할 뿐이다.

출가 전 무술 수행하던 이야기

양익 큰스님께서 말씀하신다.

"내 나이 20대시절인 1950년대는 가난하던 시절이었지. 시골에는 농사가 끝나면 하는 일 없이 심심하잖아? 특히 그 당시에는 무법천지였지. 동네마다 청년들이 자기 구역이라 정해 놓고 다른 동네 청년들이 자기 동네에 들어왔다는 것만으로 말도 안 되는 꼬투리를 잡아서 싸움이 다반사로 일어나던 때였어. 문제는 다른 동네를 지나서 장가를 가야 하는데 장가가는 사람도 못 지나가게 할 정도였으니 뭐, 주먹질이라도 못 하면 큰일 나는 세상이었어. 그 당시 내 무술 실력이 이 근방에서는 소문이 쫙 나 있었고 내가 전부 휘어잡고 있던 상황이라 다른 지역을 지나갈 때는 내 이름을 대며 내 제자라고만 하면 무사통과였지. 그때는 인연되는 제자들에게 속가 무술인 당수도와 내가 스스로 터득한 단검술을 지도했는데 밤마다 근방 청년들 150명 이상이 나에게 무술 배우겠다고 몰려들었고 참 열심히 수련했지.

요즘도 젊을 때 무술 배웠다고 나에게 인사 오는 어른들이 있지만 나는 전혀 기억을 못 하겠는데 나를 모르는 사람이 없으니 그 당시에는 그럴 수밖에 없었어. 컴컴한 밤에 워낙 많은 사람들이 찾아오니 뭐, 얼굴이나 제대로 볼 수 있겠어?

나는 20대 때는 길을 걸으면 몸이 붕붕 뜰 정도로 몸이 가벼웠지. 웬만한 천정은 마음먹은 대로 다 발로 찰 수 있었고 장작을 팰 정도로 수도가 단련되어 있었지. 또한 당시에는 철이 없어서 실력을 시험해 볼 요량으로 사람 수에 관계없이 길거리 청년들 40여 명이 지나가는 것을 괜히 시비 걸어서 싸움질을 하곤 했지. 이때 싸움은 완전히 마구잡이 아니겠어. 몽둥이 드는 것은 다반사고… 하지만 내가 떴다가 앉으면 추풍낙엽처럼 떨어져 나갔지. 싸움이 끝나면 미안한 마음이 드는 거야. 그래서 막걸리 두 말을 사다 주곤 했지.

저 건너 높은 산(시방원의 맞은 편 산)에 내 친구 주만이가 살았는데 다 클 때까지 정규교육을 받지 못한 친구였어. 아버지는 대처승이었는데 그 친구는 아주 순수한 친구였어. 지게를 지고 다니며 틈틈이 수도로 지게 밑둥지를 치면서 다녔고 그 덕분에 수도가 강하게 단련되어 있었어. 어느 날 친구들이 주만이를 골려줄 생각으로 옹이가 안 박힌 나무를 수도로 쳐서 자르고는 옹이가 박힌 나무를 내주며 너도 나처럼 이 나무를 수도로 쳐서 자를 수 있느냐고 물었지. 그랬더니 겁도 없는 그 친구가 할 수 있다고 하면서 수도로 내려쳤는데 옹이 박힌 나무가 잘 잘라질 리가 있겠어? 아주 세게 수도로 쳤는데 나무는 안 잘리고 수도 부위에만 엄청난 통증이 오거든. 그래서 친구들이 놀렸지. 우리는 하는데 너는 왜 못 하느냐고? 주만이는 그런 일을 겪고 나서부터 얼마나 화가 나고 약이 올랐던지, 산을 오고 가며 나뭇가지를 치는 연습을 엄청나게 해버린 거야. 나중에 보니까 옹이가 박혔든 안 박혔든 수도로 치는 대로 나뭇가지가 잘라져 나가는 거야.

그 당시 요 앞 초등학교에서 내가 두 번에 걸쳐서 무술 연무 대회를 개최했어. 동네 사람들의 호응이 대단했지. 그때 주만이 격파 솜씨를 잘 알고 있던 내가 구경꾼들 흥을 돋우려고 돌 격파를 보여줄 작정으로 이 친구한테 가서 격파할 수 있는 돌을 가져오라고 시켰지. 잠시 후에 그 친구가 돌을 가져왔는데 야, 이거 격파할 수 있는 길고 좀 얇은 것을 가져올 줄 알았는데 잘 깨지지도 않는 차돌멩이처럼 강하고 큼직하고 둥글둥글한 돌 3개를 들고 온 거야. 그래서 속으로 큰일 났다고 생각하여 '야, 주만이! 너 저 돌멩이 격파할 수 있는 거야?' 하고 내가 물었지. 그랬더니 그 친구가 대수롭지 않게 격파할 수 있다고 하는 거야.

그래서 할 수 없이 한번 격파해 보라고 시켰더니 이 친구가 수도를 위로 번쩍 들고 기운을 모으며 마음의 힘을 싣고 있더라고. 마음속으로 '이 돌은 깨진다! 깨진다!' 하면서 한참동안 기운을 집중하더니 '이얍!' 하며 수도로 내려쳤는데 수많은 사람들 눈앞에서 믿지 못할 일이 일어나 버렸어. 지탱하는 돌까지 3개가 박살이 나 버린 거야. 나도 놀라고 주변에서 구경하던 사람들도 모두 놀랐어. 이게 말이 돼? 이건 과학적으로는 불가능한 일이야. 지탱하는 돌은 위에서 내려칠 때 힘을 크게 받지 않거든. 마음의 힘이 강하면 이렇게 무서운 거야. 또 주만이는 항상 맨발로 다녔어. 당시는 6.25전쟁 후라 가난해서 운동화도 없었고 헝겊이나 발에 뚤뚤 말아서 신처럼 신고 다니던 참 어려운 시절이었지. 그 친구는 발바닥이 얼마나 강하게 단련되었던지 친구들한테 짱돌을 자기에게 던지라고 해놓고는 껑충껑충 뛰면서 발바닥으로 돌을 다 막아내는 거야.

　주만이가 하루는, 금강산에서 도를 닦는 자기 아버지 친구 스님이 있는데 금강산 스님이라고 부르는 그분이 자기한테 '문창호지에 난 작은 구멍을 집중하여 보고 있으면 황소가 들어온다고 하는데 그게 사실이냐?'고 나한테 물어보는 거야. 나는 순수한 그 친구의 마음을 다치게 하기가 싫어서 황소가 들어오지 않는다고 대답하지 못하고 '모르겠다!'고 말한 뒤에 집에 와서 생각을 한 거야. 내가 직접 해 보지 않고는 모르는 일이니 문창호지에다 작은 구멍을 뚫어놓고는 눈의 초점을 더욱 강하게 할 요량으로 양손을 둥글게 원을 그려서 망원경 보듯이 온몸에 힘을 주고 뚫어지게 눈으로 쳐다보는 연습을 했지.

　이때 몸에 힘을 빼야 했는데 몸에 힘을 너무 주면서 손을 움직이지 않고 오랫동안 하는 바람에 손이 굳어져서 마비돼 버리고 피똥을 싸면서 심하게 고생한 적이 있었지. 시간이 지나면서 몸이 정상으로 돌아왔지만 그제야 '야, 내가 직접 해 보니 황소가 들어오질 않아!' 하고 주만이에게 답변해 주고는 오랫동안 그때 일을 잊어 버렸지. 하지만 출가를 하여 스님이 된 후에 산신당 안에서 오래 전에 해 봤던 그 일이 생각나서 벽을 바라보고 깊은 명상에 들어갔지. 그런데 눈을 감으면 어느 순간 많은 사람들이 보이고 눈을 뜨면 벽이 보이는 거야. 이상하다고 생각하여 다시 눈을 감으면 사람도 보이고 귀신도 보이고 눈을 뜨면 벽이 보이고 하여서 산신당 문을 확 열어 버렸더니 그날 절에서 49제를 지내는 사람들이었어. 그래서 오늘 누구 제사를 지내느냐고 제주에게 물어보았더니 어머니라고 하는 거야. 그래서 내가 어머니는 이런 옷을 입고 얼굴이 이렇게 생기지 않았냐고 물어보니 그 사람이 우리 어머니가 확실한데 스님께서 어떻게 우리 어머니를 아시냐며 깜짝 놀라 되묻는 거야.

셋째 마당 양익 큰스님

나는 그제야 알 수 있었어. 오래 전 금강산 스님이 내 친구한테 들려주셨던 그 경계가 바로 지금 이 상황을 이야기하고 있다는 것을. 만약 그때 내가 주만이의 말을 한쪽 귀로 듣고 무심이 흘려버리고 말았다면 이런 경계를 만나지 못했겠지. 최 법사도 명심해야 돼. 하찮은 어린 아이가 무심코 하는 말도 직접 행하여 보지 않고 함부로 속단해서 답변해선 안 되는 거야. 항상 누가 무슨 말을 하든지 무술로 친다면 누가 검을 허황되게 이렇게 저렇게 쓴다고 한다면 말도 안 된다고 부정하지 말고 그렇게 할 수도 있겠구나 하고 긍정적으로 생각해야 돼. 그 사람이 비록 사기꾼이라 하더라도 직접 행하여 보고 긍정적으로 믿고 연습한다면 그 사람과는 관계없이 최 법사는 다른 상승된 수행 경계로 들어가는 것이야. 알겠지?"

무술을 통해 심신을 단련하고 수행하는 후배들은 양익 큰스님의 말씀을 잘 새겨들어야 한다. 양익 큰스님께서는 옛날 선배들도 사람이고 지금 현재 나도 사람이니 똑같은 사람이라면 옛날에 유명한 이들이 행했던 모든 일도 현재 사람이 똑같이 할 수 있는 일이라고 항상 강조하신다. 따라서 책으로 내려오는 이야기라 할지라도 행해 보지 않고 무조건 마음의 힘을 막는 어리석고 부정적인 시각을 놓아버려야 하며 눈으로 보든지 책을 통해서 보고 알든지 귀를 통해서 듣고 알든지 만약 이 상황에서 직접 몸으로 행하여 실천적으로 체득해 보지도 않고 자기가 확인해 보지도 못하고 함부로 답변하는 행동은 어리석은 짓이라 하신다. 말하자면 실천적으로 수행하지 않는 것은 시작하지 않는 것과 같다는 것이다.

눈앞에 아무리 음식이 많이 있는 것을 보아야 무엇 하는가? 먹어 본 사람의 말을 듣는 것 보다 직접 스스로 먹어 보고서야 확실한 경계를 체득할 수 있다고 큰스님께서는 자비롭게 가르침을 주시는 것이다.

도(道)를 수행할 때는 바보가 되어야 한다. 머리만 뛰어나고 몸으로 행하지 않는 이들은 자기가 배운 지식에 도리어 현혹되어 진리를 바로 보지 못하는 모순에 빠지게 되는 것이고 스스로 행할 수 없으니 거짓으로라도 행한다고 말하는 경우가 우리 주변에서 많이 일어나고 있다. 몸으로 실천적으로 행하는 이들은 동서고금을 통하여 거짓을 말하지 않았고 만고의 성인인 공자님도 알면 안다, 모르면 모른다고 분명히 말씀을 하셨다. 자기에게 조금만 손해가 간다고 생각해도 속된 인간들은 거짓을 방편이라는 허울로 정당화시키려 노력한다.

거짓을 말하면 지옥에 떨어진다고 경전에 분명히 부처님 말씀이 기록되어 있고 깨달음의 길로 가는 수행자는 방편과 거짓이 분명 다른 것임을 알아야 하는 것이다. 이를테면 방편은 악한 것에서 선한 것을 살릴 목적에서 필요한 거짓을 말하는 것이니 박문수가 훗날 손자에게 물어보고 암행어사 시절의 어리석은 행동을 후회하며 두고두고 한이 맺혔던 예가 있다. 한 소년이 악한 이에게 쫓겨 도망갈 때 순간적인 칼 위협에 방편적으로 눈먼 소경 짓으로 위기를 넘기지 못하고 숨은 곳을 시선으로 알려주는 바람에 소년을 죽음으로 몰고 간 예는 방편이 부족한 바른 행동이 아닌 것을 뜻한다.

박문수의 이야기처럼 사람을 살릴 목적으로 어쩔 수 없이 하는 거짓말은 방편이고 아닌 것은 거짓이라 부르는 것이니 거짓을 따르는 이들은 첫째 자기의 부귀영화를 위해서는 수단과 방법을 안 가리고 악한 짓을 행한다. 항상 반목, 배신, 이간질, 의심, 파벌 조장, 이용 등 악한 행동에 꼭 필요한 못된 짓은 다하는 것이다.

  양익 큰스님께서는 그 누가 오더라도 편견 없이 알면 안다, 모르면 모른다고 하시고 당신의 견해에서는 이렇게 생각한다, 내가 틀릴 수도 있다고 분명히 말씀하신다. 책을 하나 펴내더라도 책임감이 들어야 하며 자기의 체득된 경계에서 명확히 써야 하는 것이기 때문에 아직까지 책을 안 내신다고 하셨다.

출가를 하신 이유

큰스님께서 말씀하신다.

"나는 아주 늦게 출가를 했어. 젊을 때 고향 마을에 폐병이 돌았는데 나도 전염되고 말았지. 당시론 불치병이었지. 무수한 사람들이 죽어 나갔지. 나 역시 집에 어린 조카들도 있으니 폐병을 옮겨서는 안 되잖아? 그래서 정신들 섬으로 들어갔어. 움막을 치고 살면서 낮에는 옷을 다 벗고 일광욕을 하고 밤에는 무술을 닦았지. 당시 폐병에 걸린 마을 사람들은 모두 죽고 나만 살아났는데… 몸이 얼마나 아프던지 혓바닥은 백태가 하얗게 끼고 잇몸은 냄새가 지독하게 나며 통증이 심하고 위장은 소화를 못 시킬 정도로 악화되어 있고 폐는 망가지고… 그때 의사가 나를 진찰해 보고는 도저히 현재 의술로는 못 고치고 조만간 죽을 테니 집에 가서 편히 죽음을 맞이하라고 했지. 가만히 생각해 보니 나이도 젊은데 죽는다니 너무나 억울한 거야. 그래서 작심을 했지. 죽을 때 죽더라도 단 3일만이라도 제대로 실컷 수행이라도 하고 죽으리라고. 최 법사, 어때 결혼하니까… 수행하기가 쉽지 않지? 일반 사람들은 결혼하여 세상을 살아가다 보면 먹고 사느라 평생 동안 지극 정성으로 3일만이라도 수행을 해 보고 죽는 이가 드물거든. 그래서 나도 죽을 때 죽더라도 3일만이라도 지극 정성으로 수행하다 죽으리라고 죽음을 기다리며 지극 정성으로 수행을 했어. 이때 여러 가지 문제를 두고 자문자답을 했지.

'사람은 왜 태어나는가?'

'사람은 왜 죽는가?'

'왜 남자로 태어나는가?'

'남자는 무엇인가?'

'왜 여자로 태어나는가?'

'무엇을 여자라 하는가?'

……

그동안 궁금했던 모든 상황을 일목요연하게 설정하여 글씨로 써서 눈앞에 쭉 붙여 놓고는 눈을 감고 지극 정성으로 관(觀)하는 공부를 했더니 불교를 믿지는 않았지만 몸이 아파서 오는 엄청난 고통을 이길 수 있었고 모든 궁금했던 상황들을 환하게 알 수 있는 경계가 열리는 거야. 몸 또한 완벽하지는 않지만 점점 나아지더라고. 이때 나는 신비한 것이 사람이라 생각하고 불교 수행을 하고 싶어 완벽히 회복되지 않은 아픈 몸으로 부산 범어사 동산 스님 문하로 출가를 한 거야. 이때 스스로 관하면서 자문자답한 수행 경지를 노트에다가 꼼꼼히 기록하여 나중에 책으로 내려고 출판사를 알아보다가 우연히 밀교 경전을 보는 계기로 그만두었지. 지금도 내 방 어느 구석에 돌아다닐 거야. 나중에 내가 스스로 터득한 가르침의 뼈대가 밀교 경전을 보면서 부처님 가르침 안에 다 들어 있는 것을 발견하고 부처님의 가르침에 기준을 잡으려고 생각했지."

이때 큰스님께 끊임없이 질문하고 큰스님의 말씀을 머리로 기록하면서 딱 두 가지를 여쭙지 못한 것이 있다. 그 중 하나가 바로 내 마음 속의 욕심대로 "큰스님이 관하면서 깨우쳐 기록했던 그 노트 저 주세요!" 하는 이 한 마디가 안 떨어져 입안에서 우물거리다가 큰스님이 해우소(화장실) 가시는 바람에 기회를 놓쳐버린 것이다. 또 하나는 명문법대를 졸업한 엘리트였고 법조인으로 입신공명할 수 있는 길을 포기하고 입산출가한 연도를 여쭤 보지 못한 것이다. 수행과 관련 없는 것을 질문하는 것도 예의에 어긋나고 특히 출가하여 수행하시는 덕 높으신 큰스님이 직접 말씀해 주시지 않는 것을 나 또한 굳이 알고 싶지도 않았다.

초창기에 승려로 수행하던 시절

큰스님께서 말씀하신다.

"나는 강원도 홍천에서 2년 동안 초등학교를 다녔고 나머지는 춘천에서 학교를 다녔지. 아버지가 공무원이셨거든. 이사를 자주 가는 바람에 사람을 사귈 시간이 없었어. 나는 별로 기억이 안 나는데 지금도 나를 알아보는 어릴 때 친구들이 많아. 워낙 내가 독특하게 생활했기 때문일 거야. 나는 몸이 아픈 상태에서 아주 늦게 출가하여 승려 생활을 시작했지. 갓 출가하여 승려로 생활할 때는 몸이 아프면서도 자존심은 아주 강했어. 그래서 수행하시는 다른 스님들에게 신세지며 피해를 주기가 싫다고 주지 스님에게 말씀드리고 홀로 수행할 수 있도록 허락을 받아냈지. 특히 그때 절에서는 크고 작은 건물을 짓느라고 불사하는 일꾼들이 많았는데 나는 일꾼들 공양 시간에 찾아가서 공양을 하겠다고 말씀드리고 승려 생활을 시작한 거야. 그래서 공양 시간 외에는 아무도 없는 조용한 곳을 찾아 몸에

"수행자라면 자비심을 길러라"

서 오는 통증을 치료하느라 호흡 수련을 했어."

내가 여쭈었다.

"큰스님께서는 따로 스승님을 모시고 호흡 수련을 전문적으로 배우셨어요?"

큰스님께서 말씀하신다.

"그것이 말이야, 지금 뒤돌아보면 부처님이 나를 수행하게끔 이끌어 주시는 하나의 방법이었다고 생각해. 몸이 아플 때 어찌나 통증이 심하던지… 하루는 위장에 통증이 올 때 배로 가득 숨을 들이쉬고는 숨을 참았더니 통증이 없는 거여. 아… 그래서 생각했지. 숨을 가득 배로 들이마셔서 참으면 몸 안에 가득 공간이 생기므로 통증이 오지 않는 거라고. 그래서 오로지 통증을 멀리 할 수 있다는 단순한 생각에 숨을 가득 들이쉬고 참는 연습을 했더니 통증이 오지 않고 아픈 몸이 점점 나아지더라 이

거여. 덕분에 호흡의 이치를 다각도로 원리를 관(觀)하며 오랜 기간 반복 수련을 하여서 터득해 버렸지. 이후에 나는 척추 속을 따라 큰 대나무 통로만한 공간으로 뜨거운 불줄기가 지나갈 정도로 열감을 느꼈지.

특히 공양 시간에 맞추어서 일꾼들 공양하는 곳에 가 보면 어느 때는 일꾼들이 밥만 조금 남기고 반찬은 다 먹어 버려 밥만 먹고 온 적이 있었고, 어떤 때는 밥을 다 먹어 버려 조금 남은 반찬만 먹기도 했고, 어느 때는 일꾼들이 밥과 반찬을 모조리 먹어 버려 물만 먹고 오기도 했어. 하지만 나는 내가 지은 복이 없어서 현재 이런 과보를 받는다는 생각이 들어 절대 화를 내지 않고, 있으면 먹고 없으면 안 먹고 했지. 그런 내 모습을 일꾼들이 보고는 뒤에서 혀를 끌끌 차며 '중이 되려면 젊어서 건강할 때 출가를 해야 돼' 라고 말하곤 했지. 일꾼들은 내가 몹시 불쌍해 보였나 봐. 아무튼 나이도 들고 몸이 아픈 스님인 나를 두고 말들이 많았어. 더구나 절의 대중 스님들 사이에도 내가 공양만 하면 사찰 어디에서도 보이지 않으니 별의별 소문이 다 났지. 하기야 이때는 몸이 너무 아파서 보이지 않는 곳에 숨어 들어가 오로지 정신을 집중하여 호흡 수련만 했거든. 당장 몸이 아파서 죽겠는데 다른 잡된 생각이 날 수가 없었거든."

큰스님께서는 수행하는 이들은 공부만 열심히 한다고 깨달을 수 있는 것이 아니라 하셨다. 불교에서 깨달음이라는 것은 원만구족한 데서 온다고, 그러니까 남모르게 공덕을 쌓지 않는 수행자는 원만구족 복덕 상을 갖추지 못한다고 말씀하시며 항상 수행자는 자비심을 기르고 남들이 하지 못하는 공덕을 많이 쌓으며 실천적으로 수행하여야 성불할 수 있다고 말씀하신다. 이 얼마나 명확한 말씀인가?

"수행자라면 자비심을 길러라"

　동서고금을 통하여 성인·현인들은 자기를 버리고 남을 위해 살다간 분들이다. 불교의 석가모니 부처님도 6년간을 고행하여 무상정등정각을 이룬 후 돌아가실 때까지 45년 동안 한 명이라도 인연되는 중생들에게 삶의 고통에서 벗어날 수 있도록 맨발 고행을 하면서 하루 일종식을 하시고 오로지 가사 한 벌 발우 하나만 갖추고 무소유로 법을 설파하며 청정하게 살다 가셨다. 그에 비하면 현재의 수행자들은 얼마나 풍족한 삶을 살고 있는가? 수행자가 풍족하다는 것은 지혜의 법이 풍족한 것을 말한다.

수행을 열심히 올바로 행하는 선지식에게는 항상 물질적으로도 풍족함이 따르지만 결코 스스로에게 다가오는 풍족함을 사사로이 쓰지 않는 것이 올바른 수행자들의 공통점이다. 주변을 한번 돌아보라. 수행자가 행하는 언행에서 우리는 올바른 수행자를 바로 볼 수 있다. 다만 올바르게 생활하지 않는 수행자가 보이면 배척할 것이 아니라 자기 수행을 돌아보는 경책으로 삼는다면 이 또한 나에게는 스승 같은 존재로 다가오는 것임을 명심해야 한다. 주변을 돌아보면 도를 통한 선지식들은 때로는 너무하다 싶을 정도로 죽을 때까지 부지런히 일하면서 검소하게 살다 가는 이야기가 옛날이나 지금이나 널리 알려지는 예가 많다. 이런 수행자들은 내 것이다, 네 것이다 하는 분별심이 없는 온 세상을 다 가진 분이라 할 수 있으니 하나라도 풍족한 삶을 사는 재가 불자들은 부처님 가르침 따라 거룩하게 수행하는 덕 높고 자비심이 넓은 수행자들을 위해 적은 것이라도 도움을 주어야 하는 것이다.

남자 재가 불자인 우바새, 여자 재가 불자인 우바이는 구족계를 수지한 남자 스님인 비구, 여자 스님인 비구니 수행자들이 수행하는 데 부족함이 없도록 항상 뒤에서 공양 들이는 습관이 지금도 남방 불교에서는 그대로 행해지고 있다. 불교 교단에서는 비구, 비구니, 우바새, 우바이를 사부대중이라 한다.

양익 큰스님이 병이 난 몸을 고치기 위하여 행한 호흡법은 분명 단전으로 숨을 가득 들이쉬며 틈틈이 지식이 들어간 호흡법이다. 특히 불교 금강영관에 나오는 수행법은 큰스님께서 직접 수행하여 체득한 경지에서 나온 것이기에 큰스님의 가르침을 들을 때마다 나는 절로 감탄한다. 나의 경우에도 공양 후에 충분한 휴식 없이 달리기를 하면 아랫배에 통증이 오면서 배가 아픈 적이 많았는데 어느 날 나도 모르게 아랫배로 숨을 가득 들이쉬고 참았더니 통증이 오지 않고 숨을 내쉬면 통증이 오곤 하여 참 희한한 일이라고 생각하며 수행한 적이 있었다.

심신을 강건하게 하기 위하여 무술 수행이나 전문적인 선도 호흡 수련을 행하는 분들도 오늘 직접 한번 체험해 보시길 바란다. 밥을 잔뜩 먹고 바로 뛰어 보라. 분명히 소화가 안 된 상태라 배가 아플 것이다. 그때 숨을 가득 들이쉬고 참아 보면 양익 큰스님의 체험담이 무엇을 말하는 것인지 바로 알 수 있다. 이런 이치를 터득하신 후 큰스님께서는 불교 금강영관 수행법 안에 있는 영동입관, 영정행관, 영정좌관, 영동좌관에 숨을 멈추는 호흡법이 들어가도록 한 것이다.

당연히 몸을 치료하는 효과가 따르며 나중에는 기력이 강대해지는 효과가 여기에 숨어 있다. 더욱 더 세밀히 말하면 큰스님이 스스로 터득한 경지에다 밀교 경전을 들여다보고 비로자나 부처님의 가르침을 따라서 직접 행하여 보시고 한 차원 더 높게 들어가서 새롭게 틀을 잡아 나온 것이 불교 금강영관 수행법인 것이다.

불교 금강영관을 수련하는 후배들이여! 금강영관이 무엇인지 알고 싶다면 지금 바로 대형서점으로 찾아가라. 그곳에 가면 불교서적 안에 대승경전인 화엄경을 비롯한 밀교에 관한 여러 전문서적이 많이 나와 있다. 그것을 모두 다 사서 두런두런 읽어 보라. 불교 금강영관을 통하여 수행하고 또한 수련원을 내서 남을 지도하는 위치에 서 있는 자칭 지도자가 밀교 경전을 최소한 한두 번 읽어서 그 깊은 비로자나 부처님의 가르침을 알지 못한다면 어찌 사범, 법사, 원장이란 말을 함부로 쓸 수 있으리오. 지금 바로 서점으로 가길 선배로서 간곡히 부탁드리는 바이다.

비로자나불을 처음으로 만난 인연

큰스님께서 말씀하신다.

"나는 공군에서 군복무를 했어. 이때 기계의 원리를 다 알아 버렸지. 군복무 시절에 하루는 꿈을 꾸었는데 다른 한 군인과 처음 보는 어느 이름 모를 절에 올라갔어. 나이 드신 노인이 나에게 다가와서 '자네가 허○○ 아닌가?' 하며 내 이름을 물어보고 확인을 하더니 '자네는 앞으로 훌륭한 도인이 될 터이니 내가 시키는 대로 하면 내가 자네 옆에서 어려운 일이 없도록 도와주겠네.' 하기에, '어르신은 누구십니까?' 하고 물으니 갑자기 하늘에서 번개가 치며 천둥소리처럼 '비로자나불!' 하는 큰소리가 들리며 꿈에서 깨어났어. 그 꿈을 꾸고 나서부터는 희한하게도 군대 시절에 어렵고 힘든 상황이 오면 나는 쏙쏙 내 차례 전에 일이 풀리든지 전 대원이 무슨 큰일이 날 때는 나만 다른 구역으로 불려나가서 위기를 넘기는 등 모든 일이 아주 쉽게 풀렸어. '누군가 지금 나를 도와주고 있다' 하는

"내 곁에 있는 사람이 부처님이라 생각하라."

느낌이 강하게 들었지.

당시만 해도 나는 불교를 믿지 않았어. 세월이 한참 흐른 후에 승려가 되고 나서야 나를 도와주시는 분이 비로자나불이고 또 일을 할 때마다 비로자나 부처님의 가피력을 내가 입고 있다는 것을 알았지."

불교 대승경전인 화엄경을 읽어보면 삼천대천세계의 방대한 불교 우주관이 장엄한 대서사시로 웅장하게 펼쳐져 있다. 불도수행자의 무릉도원이라 말할 수 있는 법장비구가 대 원력을 세워 훗날 아미타부처님이 되어 서방정토극락세계를 이루었듯이 화엄경 화장세계품에 보면 세계가 20층으로 되어 있고 우리들이 사는 남섬부주 사바세계는 13층에 위치하며 교주는 비로자나부처님이고 각층마다 또 다른 시방세계가 존재하며 각 부처님 수가 천 만억 부처님이 존재한다고 기록되어 있다. 통계를 보면 지구에 사는 인구가 62억 9000명이라 한다. 하지만 제각각 얼굴이 다르고 피부색깔, 목소리, 성격, 생각, 혈액형, 체질, 습관, 언어가 천차만별로 다르게 이루어져 있다. 각양각색의 중생들의 근기에 맞추어 부처님이나 보살님들은 형상을 자유자재로 바꾸어 고도의 방편력으로 수행자들에게 다가선다는 가르침이 각종 경전에 적혀 있듯이 불도를 수행하며 나타나는 수행관도 사람마다 다르게 다각도로 체험된다.

양익 큰스님께서는 오래전 당신이 체험한 비로자나 부처님과의 인연을 설하고 있는 것이다. 범어사 청련암 금강연수원에 가면 큰스님께서 기계의 원리를 십분 이용하여 손수 앵글과 기계 부속품을 조립하여 개발해 놓은 운동기구가 많이 있다. 현재 헬스클럽에서 쓰는 운동기구보다 20년이 앞섰던 셈이다. 특히 공군 시절에 비행기를 많이 점검하면서 기계 원리를 터득하셨다고 했는데 내가 보아도 감탄할 정도로 기발한 아이디어 발상으로 운동 기계를 발명하여 놓으셨다. 큰스님은 발명가로도 손색이 없을뿐 아니라, 다방면으로 재주가 많은 천재가 틀림없다.

출가하여 밀교 경전을 만나다

큰스님께서 말씀하신다.

"내가 출가하여 범어사 극락선원(현재의 휴휴정사)에서 수행 중일 때 하루는 어떤 사람이 찾아와서 툇마루에 무엇을 싼 보자기를 두고 갔어. 그래서 1년간 물건을 싼 보자기 주인이 나타나길 기다리며 내가 보관을 하고 있었는데 아무리 기다려도 주인이 오질 않는 거야. 그래서 1년이 지난 후 이 보자기 안에 있는 물건이 무엇인지 궁금해지는 거야. 그래서 보자기를 풀어 보았더니 아주 두꺼운 밀교 경전이 들어 있더라고.

그래서 후에 나의 절집 사형이 되는 광덕 스님(1927~1999)에게 이 일을 말씀드렸더니 광덕 스님께서 무릎을 탁 치시며 나에게 하시는 말씀이, '그 밀교 경전은 양익 스님 꺼야. 바로 필요한 사람에게 올바로 찾아온 인연이니 양익 스님이 이제부터는 밀교 경전 주인이구먼!' 하셨지.

공군 시절에 꿈속에 노인이 나타나서 자신을 비로자나불이라고 했지만 그 당시에는 무슨 말인지 전혀 몰랐지. 당시 국내 불교에도 밀교 경전이라는 것이 잘못 알려졌거든. 나 또한 밀교를 성적인 쾌락적 수행 요소가 가미된 못된 수행법이라고 생각하고 있었어. 하지만 직접 밀교 경전을 쭉 읽어 보니 그때까지 내가 알고 있던 것과는 다르더라고. 잘못된 가르침이 없이 일반중생들이 심신을 조화롭게 실천적으로 수행하여 부처님의 지위에 들어가도록 부처님께서 비밀스럽고 자비롭게 일러주신 가르침임을 눈으로 확인한 거야. 그래서 '아, 이 밀교 경전 안에는 여태껏 내가 알지 못하던 내가 아직 체험하지 못한 더욱 상승된 부처가 되는 수행법이 있다!' 고 생각하고는 정성을 다하여 정독하고 수행했지. 국내에서 얻지 못한 밀교경전은 일본과 티베트, 미얀마, 스리랑카처럼 밀교자료가 남아 있는 불교국가에 수소문하여 구해 와서 공부를 했지. 그렇게 자꾸 깊게 공부하다 보니 내가 불교 입문 전에 스스로 관(觀)하면서 터득한 수행 결과가 밀교 경전 안에 다 상세하게 적혀 있는 것이 아니겠어.

결국 밀교 경전을 보면서 비로자나불의 존재를 알았고 불교를 모를 때부터 나를 수행으로 이끌어주신 분이 비로자나불이라고 나는 확신하기 때문에 범어사 청련암과 이곳 강원도 홍천 시방원에 비로자나불을 주불(主佛)로 모시며 수행하고 있는 거야. 나는 말이야… 여태 비로자나 부처님이 내 코를 꽉 꿰어 아주 조금씩 나를 수행의 세계로 끌고 오면서 가르침을 조금씩, 조금씩 주면서 여기까지 왔다고 생각해. 한 번에 많이 가르침을 주면 내가 말을 안 듣거든. 지금도 나는 모든 사람들이 스스로는 모르고 있지만 누구나 비로자나 부처님 손아귀에 이끌려 코에 구멍이 뚫린 채 부처님이 이리저리 끌고 다닌다고 생각하지."

동서고금을 막론하고 훌륭한 선각자들은 자기 자신과 국가를 위하여 하늘에 기도하든가 자기가 믿는 신에게 지극정성으로 기도하여 전지전능한 가피력을 입고 혁혁한 전공을 올리든지 역사에 찬란한 이름을 남겼다. 불교사에 이름을 날린 대 선지식들도 마찬가지다. 선지식들은 자기 근기에 맞는 염불선, 간화선, 묵조선, 관법이나 사경, 다라니 같은 수행법 중에서 하나를 선택하여 용맹정진으로 수행한 결과 육신통의 경계를 간접적으로 신비롭게 체험하기도 하며 꿈속에서나 현실에서나 아주 또렷하게 부처님을 친견하며 부처님께 계를 받고 부처님 가르침을 전수받고는 한다. 이런 경지란 특히 수행이 사무치지 않는 이들은 이해할 수 없는 4차원적인 이야기나 마찬가지다.

　양익 큰스님 또한 당신은 오로지 비로자나불의 가르침을 따라서 여기까지 왔음을 말씀하고 계시는 것이다. 나 자신도 밀교를 접하지 않고 상식적인 불교만 공부했을 때는 알지 못했다. 왜 석가모니 부처님을 교주로 모시는 불교이면서 큰스님이 상주하시는 사찰 큰법당에 석가모니불을 주불로 모시지 않고 청정 법신 비로자나불을 주불로 모시고 있는지 너무나 궁금하게 여겼다.

　그리고 사람인 이상 모르는 사람이 놓고 간 물건을 하루 이틀이나 두세 달이라면 이해가 가지만 1년이 넘도록 손대지 않고 풀어 보지 않는다는 것은 보통 사람은 하기 힘든 일이 분명하다. 호기심 많은 내 경우라면 며칠이나 기다렸을까? 한 2~3일은 기다렸을까?

불광사 회주 광덕 스님과의 일화

큰스님께서 말씀하신다.

"내 사형이 광덕 스님(1927~1999, 불광회를 이끄신 광덕 스님은 이 시대 수행의 사표라 할 만큼 불교집안에서는 대 선지식이셨다)이셨는데 나는 출가하여 절에 들어와서 광덕 스님께 초발심자경문(행자가 스님이 되기 전 절에서 배우는 가장 기본 된 가르침)을 배운 것밖에는 다른 불교경전을 배운 것이 없어. 특히 많은 스님들이 불교경전을 열심히 독경하며 수행하는 모습을 신뢰하지 않았어.

내가 다른 스님들이 수행법으로 보고 있는 경전을 들여다보면 하나같이 부처님이 된 후에 설하는 부처님경지만 적혀 있지, 일반 근기가 낮은 중생들이 단계적으로 실천적으로 수행하여 점점 상승된 부처가 되는 과정이 적혀 있지 않았어. 즉 경전은 부처님이 터득한 부처님의 살림살이지 근기가 낮은 일반 스님들이 아무리 붙잡고 공부해야 높은 단계로 올라설 수 있는 체계적인 부처되는 법이 아니라고 생각했지.

그런 불신(不信)이 나를 지배하고 있었어. 나는 부처님경지에서 설파한 경전을 근기가 낮은 중생들이 백날 공부해 보았자 젊은 시절을 허송세월로 보낼 수 있다는 생각에 차라리 삿갓 쓰고 경치 좋은 곳에 자리 잡은 사찰로 전국유랑이나 다니는 것이 더 올바른 공부가 되겠다고 생각했어. 하지만 출가 전에 얻은 병이 완쾌가 되지 않아 틈틈이 좌선을 많이 했는데 어느 날 좌선 중 옆을 보니 나하고 똑같은 옷을 입고 수행하고 있는 또 다른 나의 분신을 보고는 우주에 내가 모르는 또 다른 내가 있는 것이 아닐까 의심이 들면서 수행을 하다가 극락선원에서 밀교경전을 만나는 인연을 맺었지. 그 인연으로 부처의 지위에 올라서는 참다운 수행법이 바로 몸과 마음이 함께 성불할 수 있는 길을 자세하게 밝힌 비로자나불의 가르침이 있는 대승경전인 화엄경과 법화경, 밀교경전인 것을 확신했어. 그 후 오로지 공부한 것은 밀교수행이지 승가에서 널리 가르침을 주고 있는 석가모니 부처님의 가르침인 팔만대장경 안에 들어 있는 현교의 가르침을 한 번도 본 적이 없었지. 그래서 나에게 팔만대장경 안에 적혀 있는 부처님 가르침을 질문하는 이에게 스스로 관법(觀法)으로 터득한 경계에서 내가 아는 대로 답을 주면 모두 다 나를 미친놈이라 생각하고 상종을 하지 않는 거야.

그래서 내가 광덕 스님에게 이런 일이 있다고 말씀드리고 '스님께서 저에게 부처님이 말씀하신 팔만대장경의 가르침을 질문해 보세요!' 하면서 정중히 부탁을 드렸어. 그랬더니 광덕 스님께서 나를 세워 놓고 세밀하게 팔만대장경에 들어 있는 부처님 말씀을 단계적으로 물어 보셨지. 대장경을 한 번도 본 적이 없는 내가 질문이 떨어지기가 무섭게 척척 답변을 했더니 광덕 스님께서 놀라시며 '이제부터 범어사 주인은 양익 스님이시네. 내일 당장 법좌에 올라서 부처님 가르침을 깨우친 경지에서 부처님 가르침을 따르는 사부대중들을 위하여 법문을 하라' 고 나에게 권하시곤 했어."

큰스님께서는 육조 혜능 스님 이후로 넓게 뻗어나간 견성성불법을 100퍼센트 다르게 해석하고 계신 것을 청련암에서 큰스님께 들은 기억이 난다.

"내가 수행한 견해에서 참선 수행하는 수좌스님들이 오로지 화두타파로 견성성불하는 길만이 참다운 깨달음이며 견성성불한 깨달음의 경지가 무상정등정각을 이룬 부처님 경지와 똑 같다고 100퍼센트 받아들이지 않아. 항상 내가 수행한 경지에서 내 견해로 부처님의 깨달음의 경지나 여러 갈래로 파생되어 전해지는 불교 수행법을 다르게 바라보거든."

큰스님은 이렇게 말씀하시면서 색다른 불교관을 설파하시곤 하셨다. 큰스님께서는 언제나 당신이 확실하게 깨쳐서 부처를 이루셨다고 말씀하신 적이 없다. 단지 확실히 깨쳐서 부처를 이룬다면 살아생전에 32상 80종 호를 갖춘 부처의 상호로 몸 자체가 바뀌어야 진정한 부처라 하셨다. 정말 부처님의 상승경전을 접해 보지 못한 이들에게는 파격적인 말씀이라 할 만하다.

큰스님의 견해는 불교 대승경전인 법화경에서도 찾아볼 수 있다.

법화경을 보면 석가모니 부처님은 아라한 이상의 경지를 터득한 십대제자들에게 완벽한 부처를 이루려면 32상 80종 호의 구족한 상호를 갖추어야 응공(應供), 정변지(正遍知), 명행족(明行足), 선서(善逝), 세간해(世間解), 무상사(無上士), 조어장부(調御丈夫), 천인사(天人師), 불(佛), 세존(世尊)이란 명칭을 사용할 수 있는 위대한 부처님 즉 여래가 된다고 말씀하셨다고 분명히 적혀 있다.

나는 불교 금강영관을 수행하는 사람은 초발심자경문을 서점에 가서 꼭 사서 읽어 보길 권한다. 개인적으로는 탄허 스님이 해석한 책이나 일타 스님이 해석한 책을 권한다. 초발심자경문은 구구절절 수행자가 행해야 할 좋은 가르침이 가득 들어 있는 보배로운 책이다.

불교라는 것은 결코 어렵지 않다. 과거칠불이 강조한 대로 "항상 악한 짓을 하지 말고 선한 것을 받들어 행하고 그 마음을 깨끗이 하라"는 것이 요체다. 옛 스님 말씀처럼 세 살 먹은 아이까지 누구나 알고 있지만 여든 살 먹은 어른도 행하기 어려운 것이 불교다. 남모르게 좋은 일을 하면 이것이 공덕을 쌓는 상승법이다. 먼 훗날 거룩한 32상 80종 호의 신체를 갖추는 일이니 어찌 가볍게 해석하여 한쪽 귀로 흘려보낼 수 있겠는가.

양익 큰스님의 가르침을 보라. 얼마나 순수한가. 자기에게 손해가 된다면 멀리하고 이익이 된다면 카멜레온처럼 변하여 다가서는 물질만능주의에 정신을 빼앗긴 어리석은 현대인의 견해로는 하찮게 보이는 것도 때로는 바보같이 몸으로 행하시며 체득해 가는 과정을 올바른 성인의 정법을 따르려는 후학들은 배워야 한다. 큰스님의 감동적인 말씀을 다시 한번 되새겨 보자.

"나는 누가 말하건, 설사 아이들이 무심코 던지는 말 한 마디도 지나가는 식으로 듣지를 않아. 항상 그럴 수도 있겠구나 하고 긍정적으로 생각하지. 검을 황당하게 거짓말같이 쓰는 누군가가 비록 사기꾼일지라도 나는 그 말을 전적으로 긍정하지. 그러면 생각의 힘을 지나 마음의 힘을 얻고 우주의 힘이 열리게 되어 결국 나에게 거짓을 말한 사람과는 관계없이 스스로 더 뛰어난 세계를 터득하기 때문이야."

금정산 범어사에 금강연수원을 개설한 이유

양익 큰스님께서 말씀하신다.

"은사이신 동산 큰스님께서 입적하시고 내 나이 40대 중반에 범어사 부속암자인 청련암으로 들어갔지. 처음 출가하여 스님이 된 나에게 동산 큰스님께서 '승려는 목탁 치며 염불만 열심히 해도 부처님께서 다 알아서 도와주시니 내가 하는 말을 명심해서 기억하며 승려 생활을 하라'고 말씀하셨거든. 범어사에 있다가 청련암으로 갔을 때 청련암은 다 쓰러져 가는 암자였지.

나는 청련암에 가서도 동산 큰스님이 돌아가시기 전에 말씀해 주신 것을 잊지 않고 굳게 믿으며 오로지 염불 기도로 열심히 수행하며 살리라 생각하고는 그 당시 청련암 법당에 돌로 만들어 주불로 모셔진, 갓을 쓴 보살님이 관세음보살님인 줄 알고 열심히 관음기도를 했어. 어느 날 기도 중에 잠시 꿈을 꿨는데 한참 목탁을 치며 염불 기도를 하는 중에 지장보살님이 들어오셔서 앉아 있는 관세음보살상을 확 밀치고 딱 자리에 앉는 것을 보고 꿈에서 깨어났지. 비몽사몽간 현몽한 지장보살님 행동이 이상하다 싶어 관세음보살님 복장을 들쳐보니 여태껏 갓을 쓴 관세음보살님이라 알고 있던 보살상이 지장보살님이 아니겠어. 지장보살님을 모셔 놓고 열심히 관세음보살 염불 기도를 했으니 이상하게도 신도가 모이지를 않았지.

그 다음부터 지장보살 염불 기도를 열심히 하니까 신도도 기도하러 많이 오면서 지금의 청련암으로 바뀌게 된 것이지. 그런데 오래 전에 범어사 서지전에 있을 때부터 어떻게 속가에서 행하던 내 무술 실력을 듣고 속가에서 태권도를 했다는 스님 한 분이 찾아왔어. 와서 하는 말이 범어사에서 스님들을 모아놓고 태권도를 가르치고 싶은데 허락해 달라고 하는 거야. 그래서 허락해 주었는데 이 스님이 무술 배우겠다는 스님들만 많이 모아 두고는 온다 간다는 말 한 마디 없이 사라져 버렸지. 그래서 할 수 없이 모인 대중들에게 상황 설명을 해 주고는 다들 다른 사찰로 돌아들 가서 수행하라고 말해 주었는데, 이 대중 스님들이 2년 동안 가지를 않고 나에게 무술을 가르쳐 달라고 부탁을 하는 거야.

그래서 처음에는 속가에서 배운 태권도나 중국무술 교본을 가지고 무술을 지도해 주려고 교본을 쭉 읽어 보았더니 이런, 속가 무술은 상대방이 서 있을 경우를 가정하여 공격이 통할 수 있는 자세로 일관되게 그려져 있는 거야. 언제나 공방이 이루어지면 사람은 움직이게 되어 있는데 나는 기존의 태권도나 중국무술 교본이 무언가 잘못 만들어져 있다고 생각했어. 또한 틀이 한쪽으로만 시작하여 끝나는 공격 기법으로 되어 있어 양쪽으로 조화가 맞지 않았어. 그러니까 나는 무술이 좌우와 수족의 조화가 맞지 않는 것은 형이라 할 수 없다고 생각했지.

특히 전에 최홍희 씨가 만든 태권도 틀은 무술의 원리가 들어간 올바른 형이라 할 수 있었는데 그 다음에 나온 당시의 태권도 형은 내가 터득한 무술의 견해에서 바라보면 조화가 맞지 않게 형이 만들어져 있었어. 그래서 일반에 공개된 무술을 가르쳐 주려고 한 생각을 싹 덮어버렸어. 그리고 명색이 출가한 승려들에게 출가 전에 세속에서 배운 무술을 가르쳐 준다는 것도 앞뒤가 맞지를 않았지. 그래서 이왕 스님들에게 무술을 지도할 바에는 세상에 공개가 안 된 조화로운 불교수행법이 들어간 무술을 전수해 주어야겠다고 생각하고는 관법을 하면서 깊은 명상을 했지.

그때부터 조용히 눈을 감고 깊은 관법명상을 하면 상단전에서 형을 하는 영상이 빠르게 지나가는데 그 당시에는 내가 기억력이 좋아서 노트에다 빠르게 그림을 그려가며 부자연스러운 부분은 자연스럽게 될 때까지 몸으로 직접 행하고 관(觀)하면서 형을 만들었지."

내가 큰스님께 여쭈었다.

"큰스님, 그때 상단전에서 부처님이 나와 형을 가르쳐 주신 겁니까? 아니면 스님이 나와서 형을 가르쳐 주신 겁니까?"

내 질문에 큰스님께서 말씀하신다.

"마치 영화 필름처럼 아주 빠르게 형이 만들어졌다고 할 수 있지. 어떤 대상이 나왔다고 하기보다 아주 형체를 알아볼 수 없는 빠른 영상이 지나가는 거야. 형이란 한번 나온 동작이 반복되어서는 형이라 할 수 없지. 최 법사, 영동행관 승형에 반복된 동작이 들어간 것을 본 적이 있나? 단지 좌우 반복적 조화로운 수련을 위해 중복된 것이 있을 뿐 반복적으로 나오는 동작은 없잖아? 4승형에서도 앉아서 결가부좌나 누워서 행하는 동작이 백미지. 앉은 이가 서 있는 상대방을 공격하려고 일어나려고 해서는 방어나 공격이 상대방보다 한 박자나 반 박자가 늦어서 위험한

"무술은 좌, 우와 수족의 조화가 맞아야 한다."

상황을 만들고 마는 거야. 언제든지 그 상황에서 바로 공격이나 방어가 들어가야 올바른 무술이고 형이라 할 수 있지.

　요새 무술을 배우는 사람들이 일격 필살을 주장하지만 나는 꼭 그렇다고 생각하지 않아. 일격 필살이 통할 수도 있지만 그건 매우 위험한 짓이라 할 수 있지. 살아 있는 상대방은 언제든지 위험한 상황에 처하면 본능적으로 피하려고 움직이게 되어 있거든. 상대방이 움직이기에 일격이라는 것은 잘 통하지 않는 거야. 내가 공격했으면 상대방이 피하거나 막고서 나에게 다시 공격해 들어오는 다음 수까지 미리 알고 대처하며 움직여야 진정한 무술이라고 나는 생각해."

　내가 여쭈었다.

"큰스님께서 1960년대 초반에 영동행관 승형을 5승형까지 만드셨습니까?"

큰스님께서 말씀하신다.

"1승형부터 10승형까지, 1지부터 10지까지 만들었어. 하지만 많이 배운다고 중요한 것이 아니라, 하나의 원리를 터득하는 것이 중요하단 말이지."

내가 질문했다.

"큰스님, 불교 금강영관에 불교적 용어를 특별히 넣은 이유가 있습니까?"

큰스님께서 말씀하신다.

"밀교 경전에 보면 다 나와 있는 비로자나불의 가르침을 그대로 이름으로 표현한 것이지. 세상 많은 사람들이 나를 어떻게 알겠어? 다만 스스로 관법으로 터득한, 세상에 공개 안 된 수련법을 만들고 밀교 경전을 보니까 내가 스스로 터득한 무술과 수행법이 밀교 경전 안에 적혀 있는 비로자나불의 가르침과 일맥상통한 것을 알았지. 그래서 밀교 경전에 나타난 비로자나불의 가르침을 금강영관 수행법 안에 기초 뼈대로 세운 것이야. 부처님 가르침을 수용하지 않고 순수하게 내 스스로 창작하기보다는 부처님 가르침을 기준으로 불교 용어와 사상을 수용하여 실천적으로 조화롭게 몸과 마음으로 수행할 수 있도록 체계를 잡아서 많은 이들에게 전수할 수도 있으니 좋잖아?

나를 여기까지 이끌고 오신 분은 비로자나 부처님 덕분이야. 최 법사도 수행적으로 승화시키는 방편으로 가르쳐 준 투단검과 상공술, 고도의 중심 잡는 방법과 봉술하는 법, 세포조직을 활성화시키는 수련터 조성, 고도의 감각 기능을 활성화시키는 수련법을 내가 알려준 대로 열심히 수련해야 하고 실력 있는 제자들을 많이 키워야 해. 지금도 마찬가지지만 당시에도 내 공명을 드날리려고 무술을 만든 것이 아니야. 세상에 공개되어 있는 무술 수련법보다 세상에 공개가 안 된 더욱 더 조화롭고 고차원적인 완벽한 무술 기법과 비로자나 부처님의 가르침을 몸과 마음으로 실천적으로 수련하여 체득될 수 있는 수행법을 전수해 줄 목적으로 범어사에 금강연수원을 개설하였지."

내가 여쭈었다.

"큰스님께서 불교 금강영관이란 이름을 제자 분들이 못 쓰게 하셨는지요?"

큰스님께서 말씀하신다.

"나는 그렇게 말한 일 없어. 내가 불교 금강영관이란 이름을 알리려고 제자들을 가르쳐 준 게 아니거든. 다만 이름을 붙인다면 불교 금강영관이고 이중에 영(靈)은 새롭게, 신령스럽게 태어남을 뜻하고 관(觀)은 부처님, 즉 지혜를 뜻하는 것이야. 문파 이름은 대금강승문(大金剛乘門)이지만 금강연수원에서 나에게 사사 받은 제자들이 독립적으로 분가하여서 일반인들에게 지도하는 과정에서 불교 금강영관이란 명칭이 한글세대에게 어렵게 다가온다고 스스로 일반인들이 쉽게 이해하도록 불무도, 선관무, 선무도로 개칭하여 지도하고 있는데 내가 보는 견해에서는 불교 금강영관을 다른 명칭으로 꼭 써야 한다면 관선무(觀禪武)라고 하는 것이 옳다는 말이지. 관(觀)은 부처님이고 선(禪)은 조사 스님이니 부처님이 앞에 붙고 조사 스님이 뒤에 붙는 것이 옳다 이 말이지."

내가 말씀을 드렸다.

"큰스님, 독립된 단체에서 서로 다른 명칭으로 스님들께 불교 금강영관을 지도받는 일반회원들은 하나의 단체로 통일시켜 단일된 명칭으로 불교 금강영관이 전수되길 바라고 있습니다."

큰스님께서 말씀하신다.

"출가한 승려들에게는 부처님 가르침대로 수행하는데 명칭이나 단체가 다른 것은 큰 문제가 되지 않지만 일반 재가자들에게는 단일된 힘이 나오질 않지, 자꾸 독립적으로 포교하다 보면 힘이 분산되어 나중에는 금강영관을 배우는 이들이 서로 진정한 마음으로 하나가 되려고 노력할 것이고 시간이 흐르면 하나의 이름으로 자연스럽게 통일이 될 거야. 그리고 처음부터 내가 불교 금강영관을 일반인에게 보급시키려는 목적이 아니었거든. 만약 내가 사찰을 중축하는 불사만 아니었다면 또한 처음부터 세상에 널리 알리려고 했다면 지금쯤 굉장하게 발전했겠지. 하지만 나를 알린다는 아상이 수행하는 승려의 마음에 들어간다는 것은 수행에 전혀 도움이 안 돼. 부처를 이루려고 수행하는 스님이 '내가 최고다!' 라고 생각하면 큰일이지."

큰스님께서는 1960년대 초반 범어사에서 금강연수원을 처음 개설했을 때는 일반 재가자는 제자로 받지 않으셨다고 했다. 이유는 여태 일반에 공개가 되지 않은 데다 큰스님이 불조(佛祖) 이래(以來)의 전통적인 영육일체(靈肉一體)의 고도(高度)한 수행 방법을 참구(參究)하면서 상구보리(上求菩提) 하화중생(下化衆生)의 무상(無常)의 이념을 실현하기 위하여 인간 능력 무한력(無限力)의 우주적(宇宙的) 대아(大我)를 개현(開顯)하여 완성함을 주지(主旨)로 불교 금강영관 규약(規約)을 제정하신 것처럼 오로지 즉신성불하는 출가 승려의 본분을 위한 방편적 수행법으로만 생각하셨기 때문이다.

1977년 범어사 청련암으로 금강연수원을 옮긴 후에야 기수별로 나누어서 승속을 불문하고 제자를 받아 영동행관 3승형 기본 과정까지 수료한 제자에 한하여 기수별로 수료첩을 주어서 산문 밖으로 내보내셨다고 한다. 지금도 큰스님께서는 산문 밖 속세 일에 일체 관여하지 않으시며 방송이나 언론에도 모습을 나타내지 않으신다. 오로지 승려의 본분인 즉신성불을 위한 수행만 하신다.

그러면 불교 금강영관을 어떻게 수련하여야 즉신성불(卽身成佛)이 되는가?

우리는 깊게 한번 생각해 보아야 한다. 즉신성불을 이루려면 우선 오랜 생을 사사로운 욕심으로 오욕에 지배를 받아 탐내고 화내고 어리석게 살아온 생활을 진실한 마음으로 부처님께 뉘우쳐 참회 기도를 해야 한다. 거기에 선한 공덕을 일으킬 수 있는 계율을 철저히 지켜야 한다. 또한 남을 위해 힘들고 어려운 일을 스스로 남모르게 하고서도 바라지 않는 보시 공덕을 짓고 사심 없이 부처님 가르침대로 모든 일을 실천하는 용기가 있어야 하며 끊임없이 청정하게 비로자나 부처님 가르침대로 독신자 수행을 하며 대승적 가르침을 일반 인연되는 이들에게 아낌없이 자비심으로 베풀어야 즉신성불로 나아갈 수 있다.

말하자면 금강영관을 수행의 차원으로 바라보고 깊게 관하면서 우주의 이치를 통달할 수 있도록 지극정성으로 수행하지 못한다면 겉으로 보이는 금강영관 동작은 신체를 단련하는 건강법이나 단순한 자기 몸을 지키는 무술밖에 되지 않을 것이다. 큰스님을 모시고 수행도 해 보고 틈틈이 찾아뵙고 가르침을 받아 보면 확실히 내 스스로 몸이나 마음으로 느낌이 강하게 전달되어 오는 것이 있다.

다시 말하면 큰스님은 항상 출세간 위치에서

말씀을 하신다. 도무지 부귀공명을 내세우는 세상살이와는 조화가 안 되는, 항상 손해 보는 세상살이를 사신다. 비록 인연되는 신도나 수행자들이 찾아오면 상담을 통하여 세간 일을 지혜롭게 조언해 주시지만 요즘 세상처럼 순수성이 결여되어 자기 이익만 따르는 세상살이 이야기와는 질적으로 다르다. 심신을 수행할 수 있는 순수한 조언을 해 주시기 때문이다.

큰스님은 일반 세속에서 살아가는 나 같은 보통 사람의 눈에는 도인이요 진정한 부처님처럼 보인다.

큰스님께서는 항상 나를 내세우시는 상이 없으니 마치 거울에 비치는 사물을 그대로 반영하여 되돌려 비추듯이 질문하는 당사자의 근기에 맞추어서 현명하게 답변을 해 주시는 것이다. 청련암에 20년이 넘도록 신도로 계시는 노 보살님의 말씀이 기억난다.

"나는요… 큰스님이 부처님이라 생각해요. 또 청련암은 바로 영산회상이라고 생각해요."

수행자가 가야 할 길

양익 큰스님께서 말씀하신다.

"수행하는 사람은 몸의 힘, 생각의 힘, 마음의 힘, 우주의 힘을 알아야 해. 세상사 모든 일이 불가능할 것 같지만 불가능한 것은 없지. 다 쓰러져 가는 범어사 청련암에 처음 들어갈 때 은사 스님이 말씀하신 대로 열심히 염불기도를 한 덕분에 지금의 청련암으로 중창불사를 해 왔어. 그동안 공개적으로 신도들에게 불사한다고 권선문 한번 돌린 적이 없어. 지금 이곳 강원도 시방원도 비로자나불의 가르침대로 불사를 시작해서 처음에는 약식으로 작게 시작하고 끝내려 했지만 내가 워낙 사심이 없으니 나도 모르게 점점 불사를 크게 벌이고 말지. 전혀 현실적으로 불가능한 상황에서도 불사를 할 큰 계약금도 없으면서 나도 모르게 엄청난 돈이 들어가는 불사 자재인 석재를 처음에는 한번 구경해 볼 요량으로

셋째 마당 양익 큰스님

보러 갔다가는 나 자신도 모르게 덜컥 계약을 하고 마는 거야.

계약을 해놓고서야 '어이쿠! 내가 지금 계약금도 없으면서 왜 계약을 했지? 큰일 났네.' 하며 걱정을 하고 마음속 깊이 관(觀)하면 나하고 인연 맺은 신도들이나 인연도 별로 없는 신도들, 그리고 잘 모르는 불자들까지 찾아와서는 불사에 드는 돈을 보시하셔서 불가능한 것 같은 불사가 술술 풀리며 척척 순서대로 이루어지거든. 이것은 내 스스로 부귀공명을 이루려 하거나 내가 했다는 건방진 모든 상이 전혀 없었고 부처님께 모든 공덕을 돌리고 오로지 인연되는 중생들을 부처님 가르침으로 구제하는 것이 내가 가야 할 길이라 확신하고 하심하며 수행한 공덕의 힘이라 생각하지.

부처님을 스승님으로 모시고 가르침을 따르는 수행자는 무조건 부처님께서 가르침을 주신대로 많은 중생들에게 도움을 주는 선한공덕을 짓고 많은 중생들에게 고통을 주는 나쁜 악업을 절대로 짓지 말아야 해. 오로지 부처님 가르침대로 살아가는 것이 수행자가 가야 할 길이지."

큰스님께서는 오랜 생을 부처님 가르침대로 수행하며 살다가 이생에 다시 사람 몸 받아 출가하여 수행자로 오신 분이란 생각이 들었다. 천부적으로 관(觀)하는 수행법을 터득하고 나오신 분이 분명하다는 것을 이번에 강원도 홍천 시방원에서 찾아뵙고 알 수 있었다. 특히 모든 대소사를 비로자나불의 가르침대로 행하시면서 절대 나(我)를 내세우지 않고 오로지 모든 공이 비로자나 부처님의 가피라고 말씀할 때는 말로는 표현하지 못할 감동으로 다가왔다.

한 마디로 말해 큰스님은 천부적으로 타고난 무술인이며 항상 새롭게 모든 것을 한 단계 진일보시켜 창조할 수 있는 발명가요, 모든 일을 비로자나불의 가르침대로 변함없이 충실히 실천하여 수행하는 밀교 승려임을 알 수 있었다.

나는 큰스님의 가르침을 큰스님 살아생전에 나하고 인연 있는 이들에게 널리 알리는 것이 큰스님께 입은 은혜를 조금이라도 갚을 수 있는 길이라고 생각한다. 작은 불연(佛緣)의 씨앗을 나와 인연되는 많은 이들의 마음에 뿌리는 셈이 된다. 이제 이 작은 씨앗에서 싹이 돋아나는 책임은 오로지 마음의 문을 열고 순수하게 큰스님의 가르침을 믿고 따르는 후배들의 근기에 달려 있다. 7월 28일 강원도 시방원에 가서 큰스님을 찾아뵙고 밤새워 큰스님의 말씀을 기록하며 큰 기쁨을 맛보았다.

벌써 1년 8개월째 나는 오로지 큰스님의 가르침을 나처럼 젊은 시절에 정법을 닦기 위해 대선지식을 찾아 방황하는 후배들을 위해 정리하려고 애를 썼다. 매일 청련암에 올라서 배운 큰스님의 가르침을 과감히 기록하여 수행록으로 인터넷에 공개하여 같이 공유하려는 것은 금강연수원이 문을 연 40년간 그 누구도 하지 못한 일이다. 아울러 나는 단순하고 딱딱한 공지사항이나 올라오는 게시판에 무술 수련기나 무술이론 등을 올렸다. 유명한 무술단체의 공식 홈페이지나 큰 본사 홈페이지 게시판도 하루에 겨우 몇 십 명만 방문할 정도로 조회건수가 빈약하지만 내 개인 홈페이지 게시판은 하루에 적어도 150명, 많게는 350명이 방문하고 있다. 글을 올리기 시작했던 2001년 당시는 홈페이지 게시판에 많은 네티즌들이 실명으로 무술 수련기를 올리리라고는 생각지도 못했기에 국내 인터넷 개인 홈페이지 치고는 굉장한 반응을 일으켰다. 이런 반응을 일으킨 정점에는 양익 큰스님과 허주 큰스님 같은 스승님들의 은혜로운 가르침과 부처님의 가피력이 있다.

이제 나도 몸으로 보여줘야 하는 무술세계에서는 노년기라 할 수 있

"성불하려면 부처님 가르침대로 수행하면 된다."

는 30대 중반을 넘어섰다. 불혹의 나이를 앞둔 인생의 중요한 시기에 와 있고 또한 결혼하여 두 아이를 둔 아빠다. 가장의 책임을 다하지 못하는 미안한 마음이 들지만 이제 내 아이들에게 '아빠는 풍족한 재물을 모으지는 않았다. 하지만 무(武)의 길과 성인의 가르침을 따라가는 정도(正道)의 길을 추구해 왔다'고 당당히 말할 수 있다. 고집스런 아빠는 비록 이기적이지만 무술 수행과 성현의 가르침을 배우고 싶어 젊은 나날을 한 눈 팔지 않고 열심히 정진했으며 이 시대에 한번 만날까 하는 위대한 무술 스승님들을 모시고 성인의 올바른 가르침을 받는 좋은 인연을 맺을 수 있었다는 말도 보탤 수 있다.

나는 항상 내가 추구하는 무술을 배우기 위해 모든 것을 다 버리고 몸으로 실천하며 수련했다. 그래서 스스로를 진정한 무인(武人)이라 생각했다. 또한 훌륭한 대선지식을 만나고 부처님의 가피를 받아 지혜를 이루어 올바른 수행자로 세상을 살아갈 수 있기를 부처님께 항상 기도한 덕분에 부처님의 가피력으로 훌륭한 스승님들을 모실 수 있었다고 생각한다. 지금도 어쩌다 거짓을 마음 안에 조금이라도 두고 있으면 심장에서 불이 나고 스스로를 꾸짖는다.

"야, 너 인간이 왜 이래? 이러고도 네가 무인(武人)이라 칭할 수 있으며 정법(正法)을 따라 수행한다고 부처님께 기도할 수 있어?"

부산에서 불법과 침술을 강의하시는 천 법사님께서 나에게 들려주신 말씀이 생각난다.

"악마도 8지 보살의 경계입니다. 세상에서는 선이든 악이든 다 자기 스승입니다. 악한 이를 보면 스스로 저런 사람이 되지 말아야지 생각하고 선을 향해 분발할 수 있는 동기 부여를 해 주니 스승이요, 선을 보면 나도 저렇게 돼야지 하고 분발하니 스승이라 이겁니다."

이 글을 읽는 인연되는 후배들은 선배가 이 글을 쓴 이유를 잘 되새겨 보고 오로지 올바른 무술과 올바른 수행 외에는 쓸데없는 시시비비에 놀아나는 어리석음을 행하지 말기를 간곡히 부탁한다.

나는 지금 보배로운 가르침을 되새기며 핵심적인 가르침을 기록하면서 한편으로는 두려움이 앞선다. 현재의 내 수행 경계로는 큰스님께서 말씀하신 보배로운 가르침을 일반인들에게 직접 눈앞에서 확인시킬 수 있는 능력이 안 되기 때문에 잘못하다가는 큰스님의 진실한 수행세계를 다른 이들에게 제대로 안내하기가 어렵겠다는 우려가 들기 때문이다.

현재의 내 개인적 수행 견해에서 양익 큰스님은 다음과 같은 분이라고 굳게 믿는다.

첫째, 입으로 거짓을 말하지 않으시며,

둘째, 그 누구에게도 편견이 되게 가르침을 주지 않으시며,

셋째, 부처님의 가르침을 그대로 행하시며,

넷째, 정법대로 수행하시는 제자들에게는 한없이 너그러우시고 정법을 지키지 않은 이에게는 상상을 뛰어 넘을 정도로 무서우신 분이시며,

다섯째, 나에게 부처님의 살림살이가 무엇인지 언행으로 가르쳐주시는 분이시다.

양익 큰스님을 친견한 후

대전에서 터를 잡지 못하고 부산에 온 지 6일째, 아직 정식으로 양익 큰스님께 인사를 드리지 못했다. 주말에는 대전으로 불무도 수련을 지도하기 위해 올라가느라고 그랬다. 내일 아침이면 청련암에 상주하시는 대중 스님들께서 큰스님을 모시고 강원도 홍천 시방원 불사를 하러 가신다는 소식을 들었다. 안도 스님께 10시부 수련을 부탁한 뒤 가족과 함께 범어사 청련암에 올랐다.

입구에 들어서니 울력 중인 스님들과 대중들이 보인다. 청정 스님, 청찬 스님, 청연 스님, 청언 스님, 청영 스님, 청안 스님, 청신 스님, 청관 스님이 보이고 김학균 법사님과 국도 법우가 보인다.

우선 큰 법당에 들러 비로자나 부처님께 삼배를 올리고 큰스님이 주석하고 계시는 강현루로 들어갔다. 오전 11시부터 1시간 동안은 수행 중 궁금한 사항과 여러 대소사에 대한 큰스님의 가르침을 받기 위해 많은 신도들이 강현루로 들어온다. 벌써 앞서 상담하러 온 보살님들의 질문에 대해 큰스님께서 조목조목 가르쳐 주고 계신다.

상담을 받은 보살님들은 연거푸 합장 반배로 예를 올리고 물러간다.

신도님을 보내놓고 온 가족이 큰스님께 삼배의 예를 올렸다.

"큰스님, 이번에 안도 스님이 금강선원에서 함께 불무도 지도를 하자고 해서 주말마다 대전에 올라가서 제자들에게 수련을 지도해 주기로 하고 가족들 데리고 부산에 다시 내려왔습니다."

큰스님을 친견하면 항상 느끼는 거지만 부산에 내려온 상황을 상세하게 설명할 필요도 없이 큰스님께서는 이미 모든 상황을 다 알고 계신다.

"그래, 잘 됐네. 잘 내려왔어! 요즘, 안도 스님은 어떻게 지내나?"

"예, 일주일에 4번 부산 경상대학에서 경찰경호학과 학생들에게 금강영관 무술 수련을 지도하며 금강선원에서 회원 지도를 하고 있습니다."

"그러면 선원을 자주 비우게 되겠네? 그래, 불무도 회원은 많이 늘었나? 절에는 거사가 아무리 똑똑하게 포교를 잘해도 스님이 있어야 해. 비록 거사가 수행을 잘해도 수행을 잘못하는 바보 같은 스님이 절에 있으면 신도들은 올바른 정법을 지도하는 거사를 따르지 않고 100% 부처님 법을 따라 출가했다는 징표로 승복을 입은 스님을 따르거든!"

"금강선원도 빨리 법당과 수련장을 분리시켜야 해. 수련과 신도를 분리시키지 않으면 두 가지 모두 할 수 없고 서로가 불편하거든. 전에 안도 스님이 2층을 수련원으로 한다고 했는데 현재 어떤 상황이지?"

"예, 안도 스님은 2층을 수련원으로 인수하려다가 산세 좋은 양산 천성산에 불교청소년수련관을 지으려고 사찰 터를 알아보러 다니고 있습니다."

"내일부터 청영 스님만 남고 온 대중이 홍천으로 올라가거든. 최 법사

"세상에 홀로 존재하는 것은 없다" 금정산 정상에서

가 내일부터 청련암에 올라와서 수련을 다시 시작해. 전에 4승형 동작에서 나오는 첫머리를 다 없애고 결가부좌 상태에서 다시 시작해야겠어. 세계 어느 나라 무술도 결가부좌로 형을 연습하는 것은 없잖아? 그렇잖아도 최 법사 만나면 다시 4승형을 수련하려고 했는데 홍천에 가 있을 동안 4승형을 청도 스님, 청영 스님과 함께 완벽하게 소화시킬 정도로 수련하고 있어.

 4승형은 가부좌 형으로 독립적으로 만들어서 수련하는 것이 올바른 것 같아. 불필요한 것은 모두 빼버리고 준비 자세에서 점프 공중 뒤돌아 떨어지면서 결가부좌로 시작하여 간단하게 1, 2, 3승형에 중복되지 않는 것으로 해야 올바른 형이 될 수 있겠지. 홍천에 가 있는 동안 청련암에 올라와 수련하면서 도량 좀 잘 관리하고 금강선원에서도 안도 스님 잘 모시고 회원들 많이 모집하고… 지금 공양 시간이니까 가서 점심 공양해."

큰스님을 친견한 후 대중들과 점심 공양을 함께 먹었다. 청찬 스님부터 청언 스님, 청영 스님, 청연 스님께 돌아가며 덕담을 해 주신다. 홍천에 가 있을 동안 청련암 도량 관리를 잘하고 있으라는 조언을 듣고 하산하여 금강선원에 돌아왔다.

다시 청련암을 오르며

근 1년 6개월 만에 금강연수원에서 다시 불교 금강영관을 수련하려고 금정산을 올랐다. 금강선원 새벽 첫 수련을 마치고 출발하면 승용차로 50분 가까이 걸리는데, 청련암에 당도하여 부처님께 3배를 하고 수련을 시작하였다.

양익 큰스님과 대중 스님들이 모두 홍천에서 불사를 하며 용맹정진하고 계시기 때문에 현재 청련암은 텅 비었다. 오랜만에 만나는 국기 법우, 우담 법우와 인사를 나누고 자유롭게 수련에 임했다. 누가 내게 "왜 청련암을 오르느냐?"고 묻는다면 나는 이렇게 대답할 것이다.

"산이 좋고, 청련암이 좋고, 수행으로 용맹정진하는 스님들의 수행 향기를 조금이나 맛볼 수 있고, 우리 시대의 대 선지식이며 도인인 양익 큰스님의 실천적 수행 기운을 옆에서나마 조금이라도 맛보고 싶어서…."

비록 지금은 양익 큰스님과 대중 스님들이 안 계시지만

나는 청련암에서 격식 없이 용맹정진하는 수련시간이 좋다. 남 앞에서 지도하는 법사로 오랜 세월을 보내다 보면 초심이 흐트러지기 십상이다. 청련암에 오르면 나 또한 공부하는 학생이며 일반 수행자로 돌아가기에 수행에서 가장 위험한 아만심(건방진 마음)을 다스릴 수 있고 부처님께 탐진치를 참회할 수 있으므로 금강선원으로 돌아가 신선한 기운으로 지도할 수 있어서 좋다.

전에 청련암에서 몇 년 동안 수련하던 보살님 한 분이 얼마 전 출가수행의 길로 접어들었다는 말에 다시 한번 양익 큰스님의 도력에 고개가 숙여진다. 청련암과 인연된 사람들 대부분이 처음에는 대수롭지 않게 취미로 입산하다가 큰스님의 빛나는 수행력에 감동받아 백이면 백 승려의 길로 접어들기 때문이다.

청련암 오르는 길, 1년마다 피는 벚꽃을 바라본 게 몇 번이던가? 세월이 참 빠르고 나 또한 어느새 36세의 봄을 맞고 있다. 부처님께서 세상에 홀로 존재하는 것은 없다고 말씀하셨지만 대전에서 고군분투할 때는 세상에 나 홀로 있는 것처럼 심신이 힘들었는데 부산으로 돌아오니 나는 이제 혼자가 아니다.

항상 내 곁에는 마음이 후덕하고 의리가 있는 안도 스님과 가족 같은 원통 스님이 든든하게 계시고 사형인 김학균 법사님이 있으며 언제나 따뜻한 마음으로 조언해 주는 청련암 대중 스님들과 거사님들이 있으며 부산에서 4년간 인연 맺은 제자들이 있으며 위로는 태산 같은 당대의 큰스승 양익 큰스님이 계시기 때문이다.

넷째 마당
허주 큰스님과 보림선원

보림선원 소림금강문 입문

불교계에는 무예와 불도 수행을 병행하며 많은 수행승들에게 존경을 받는 스님들이 있다. 그 중에서 청련암에 주석 중이신 양익 큰스님과 경주 조용한 시골에 은거 중이신 보림선원 허주 큰스님, 진주 금선암의 종인 큰스님을 대표로 꼽지 않을 수 없다.

8년 전 골굴사에서 수행 중일 때 허주 큰스님의 무술 명성을 듣고 흠모하여 왔으나 선무도수행법을 모두 전수받은 뒤 찾아뵙고 가르침을 구하리라고 다짐하며 오랜 세월을 기다렸다. 그 기다림이 하늘에 통했는지 큰스님과의 인연은 드라마틱하게 다가왔다.

청련암 금강연수원 2기 출신중에 쿵푸 고수 청일 스님이 있다. 스님이 봉술에 관해서는 양익 큰스님 문하에서 자타가 공인하는 일인자라는 것을 골굴사 스승님에게 누누이 들었고 진작부터 훗날 꼭 찾아뵙고 가르침을 구하리라 생각해 왔다.

그런데 어느 일요일, 보명 법우가 부산 근방 장안사와 척판암이란 사찰의 주변 경관이 좋으니 부처님께 참배도 하고 휴식을 취하자며 부산 골굴사 포교원으로 찾아왔다. 일찍이 척판암 창건주 원효 스님의 설화를 책에서 읽었던 기억이 나서 호기심에 보명 법우를 따라 나섰다.

먼저 장안사에 들러 부처님께 참배한 후 산 중턱에 있는 척판암에 올라갔는데 기대와는 달리 너무나 작고 초라한 암자가 아닌가? 언제부터인가 오래된 사찰에서 부처님께 참배한 후에는 꼭 그 사찰의 창건주와 절의 역사가 담긴 비문을 읽어 보던 습관대로 나는 척판암 사적비를 찾았다. 조그마한 사적비는 암자 입구 왼쪽 2미터쯤 경사진 언덕에 세워져 있었다.

사적비에는 불광산 척판암의 유래가 다음과 같이 나와 있다.

척판암은 신라 문무대왕 13년에 원효 대사님께서 창건하셨다.

척판암에서 원효 대사님께서 선정 중에 혜안으로 살펴보니 당나라 종남산 태화사의 1천 명 대중승려들이 장마로 인한 산사태로 매몰될 것을 알고 '신라의 원효가 판자를 던져 대중을 구한다'라고 쓴 현판을 불가사의한 신통력으로 태화사에 날려 보냈다. 그곳 대중들이 공중에서 빙글빙글 돌려 떠 있는 현판을 보고 신기하게 여겨 법당에서 뛰쳐나왔다. 그 순간 절 뒷산이 무너져 큰절이 매몰되었다.

이 인연으로 목숨을 구한 1천 명의 중국 승려들이 신라 척판암으로 와 원효 스님의 제자가 되었다. 원효 스님은 척판암을 떠나 1천 명의 대중을 이끌고 수행할 곳을 찾아 양산 내원사 부근에 이르자 산신이 마중 나와 현재의 산신각 자리까지 인도한 뒤 자취를 감추었다.

이에 원효 스님은 대둔사를 창건하고 상, 중, 하에 각각 내원암을 비롯하여 89개의 암자를 세워서 1천 명을 거주시켰다. 그리고 산봉우리에서 불교수행의 요체인 대승경전 화엄경을 강설하여 1천 명의 승려를 모두 성인의 경지에 오르도록 득도를 시켰다. 이때 화엄경을 강설한 곳이 화엄벌이라는 이름으로 현재까지 전해 오고 있으며 중내원암에는 큰 북을 달아놓고 산내의 모든 암자가 다 듣고 모이게 했으므로 집붕봉이라는 이름이 생겼다. 또한 1천 명의 대중스님이 모두 성인이 되었다고 하여 천성산이라 부른다.

비문을 읽고 내려오려는 찰나 검은 독사가 천천히 내 앞을 가로질러 풀숲에 숨는 것이 아닌가!

내가 가장 무서워하는 것이 독사다. 골굴사 수행 시절에도 독사 때문에 항상 단검을 차고 작은 끈을 갖고 산을 뛰었다. 특히 독사란 꼭 암수가 함께 다니는 것을 보기도 했고 어른들께 귀로 들어서 알고 있는지라, 독사를 쫓아낼 요량으로 5분간 나뭇가지를 찾느라 머뭇거리며 비문 옆에 서 있는데 눈이 부리부리하고 체격이 당당한 스님이 법당에서 나와 나를 바라보며 말을 건네신다.

"거사님, 무슨 일이 있어요?"

"스님 이곳에 검은 독사가 있네요."

대답을 하고 나서 겨우 나뭇가지로 독사를 쫓아낸 뒤 스님 곁으로 다가가니 승복 바지에 머리는 짧게 깎은 내 모습에 호기심이 나셨는지 질문을 던지셨다.

"거사는 어디서 왔습니까?"

"예, 부산에서 왔습니다."

"무슨 일을 합니까?"

"부산 장전동에서 골굴사 포교원을 운영하며 선무도를 지도하고 있습니다."

"금강식물원 앞의, 적운 스님이 개원한 포교원에서 선무도를 지도해요? 허허 공양주 보살님, 여기 과일 좀 내오세요."

공양주 보살님께 과일을 내오라고 하시는 태도로 봐서 뭔가 다른 뜻이 있는 듯했다. 역시나 다음 말로 보통이 아닌 인연을 확인할 수 있었다.

"적운 스님이 내 사제예요. 그리고 지금 거사님이 운영하는 선원을 내가 적운 스님께 소개했지요."

그 말씀에 나는 너무 놀랐다.

"그럼 제가 스님의 법명을 여쭤 보아도 되겠습니까?"

"들어 보았는지 모르겠네? 나 청일이라고 해요?"

청일 스님이라면 골굴사 스승님께서 틈나는 대로 나에게 말씀해 주시던 바로 그 스님!

"최 법사! 나의 금강연수원 사형 중에 청일 스님이 계시는데 봉술의 달인이야? 내가 청일 스님께 최 법사를 비롯한 제자들에게 봉술을 지도해달라는 부탁을 하고 있으니 기다려 봐!"

이렇게 누누이 말씀하셨는데 이런 곳에서 만날 줄이야! 이건 정말 보통 인연이 아니다. 부처님이 나를 도와주시는 거라고 생각하며 왈칵 반가운 마음에 담아두었던 말을 쏟아냈다.

"평소에 스승님으로부터 스님의 명성을 많이 들었습니다. 제가 진작부터 봉술을 배우고 싶어서 스님을 한번 뵙고자 소망했습니다. 제가 주말마다 부산에서 이곳으로 찾아와 절의 허드렛일을 하며 스님께 봉술 가르침을 받고 싶으니 허락하여 주십시오."

"하하하 내가 쿵푸를 좀 했어."

한바탕 시원하게 웃으며 스님은 기꺼운 듯 호권을 쥐고 몇 동작 시연을 해 주시더니 웬걸, 점잖게 거절을 하신다.

"이곳은 마땅히 봉술을 지도할 만한 터가 없어서 봉술은 지도해 줄 수가 없어!"

너무나 상심이 컸지만 이대로 물러설 수 없다는 생각이 들었다. 그래서 그 다음 주에 아내와 함께 홍림이를 안고 다시 척판암을 찾아가 청일 스님께 제발 봉술을 가르쳐달라고 거듭 하소연을 했다. 스님은 잠시 여러 가지 생각을 하시더니 이윽고 길을 열어 주셨다.

"정 그렇다면 병기술을 배울 만한 훌륭한 스님을 내가 알고 있어! 경주 보림선원에서 소림무술을 지도하시는 보원 스님이신데 소개시켜 줄 터이니 찾아가서 가르침을 받도록 해! 내가 듣기로 보원 스님은 불가에서 명망 있는 무술의 달인이시지!"

그렇게 소개해 주신 분이 바로 허주 보원 큰스님이시다. 허주 큰스님의 법명이 보원 스님이신데 나는 다른 분인 줄 알고 보원 스님이란 분을 찾아 그 다음날부터 일주일 동안이나 경주에 가서 보림선원을 찾아 다녔다. 큰절이겠거니 생각했으나 막상 찾아간 곳은 '보림선원' 이라고만 씌어 있는 작은 시골집이었다. 어렵게 보림선원을 찾아 허주 큰스님께 예를 올리고 인사를 드렸다.

"저는 골굴사 적운 스님을 스승으로 모시고 선무도를 배웠으며 현재 부산에서 선무도 도장을 운영하며 매일 오전 청련암의 양익 큰스님께 불교 금강영관을 지도받고 있습니다. 큰스님의 명성은 8년 전부터 들어 알고 있었는데, 봉술을 배우고 싶어서 오늘 찾아 왔습니다."

내 말에 허주 큰스님은 이렇게 말씀하셨다.

"그래요? 그러면 나에게 봉술을 배워도 좋다는 적운 스님의 허락을 받고 오시면 봉술을 지도해 줄 테니 우선 골굴사에 다녀오세요."

그래서 골굴사 스승님의 허락을 맡고서야 허주 큰스님께 소림무술을 전수받을 수 있었다.

100년 전 중국 소림사에서 수행하며 소림사 승려들에게만 전수되던 내가무술 72절기를 익힌 유명한 무승(武僧)이 대만으로 건너가셨을 때, 무승이 돌아가실 때까지 40년 동안 한결같이 시봉하며 가르침을 받았던 제자는 키가 185센티가 넘고 기골이 장대한 젊은 무인이었다. 그분이 허주 큰스님의 친 숙부이신 화엄 대사인데, 대사께서 친조카의 인연이 되는 허주 큰스님을 위해 한국에 오셔서 소림사 내에서 승려들에게만 비전으로 전수되어 온 소림무술을 지도하셨다는 것이다.

허주 큰스님은 그때를 회상하시며 웃으셨다.

"다섯 살 때부터 삼촌께서 날 방 안에 가두고 여러 가지 방법으로 하루 8시간씩 초식을 지도하며 소림무술과 중국 황궁에서 내려오던 황궁다도을 가르쳐 주셨는데… 어린 마음에 무술은 누구나 당연히 배우는 것이라고 생각했어요. 그토록 많은 초식을 어릴 때 다 배운 덕으로 오랜 세월 동안 하나도 잊어버리지 않고 있지요. 무술 수련은 다섯 살 때부터 시작하면 총명함이 살아 있어서 많은 도움을 받을 수 있지요."

올해로 허주 큰스님의 속가 연세는 62세고 양익 큰스님의 속가 연세는 68세지만 불교에 귀의하신 법랍은 허주 큰스님이 양익 큰스님보다 5년이나 빠를 정도로 오랜 기간 사문의 길을 묵묵히 걸어오셨다.

천년 전의 수행 세상으로

휴일을 잊어버린 지 오래다. 스승님들을 모시기 전에는 주말은 당연히 쉬었고 법정휴일에는 어디로 가서 멋있게 휴식을 취할까 행복한 고민을 하기도 했지만, 스승님들을 모시면서 행복이란 개념이 많이 변했다.

"나라는 작은 우물 안에서 살다 보면 우물 밖 더 큰 세상을 바라볼 수 없는 것처럼 더 큰세상으로 나아가지 못하고 작은 세상에서 스스로에게 합리주의적 해석으로 여러 핑계를 대며 속 좁게 살아온 삶이 내가 아닌가?"

그동안 세속의 생활에 길들여져 질서라는 가치관에 갇힌 채 약속이나 한 것처럼 살아왔던 것을 많이 반성하고 있다. 동래수련원은 토요일 수련이 없지만 나에게 토요일은 더욱 소중한 날이다. 일찍 일어나 가볍게 휴식을 한 후 바로 청련암으로 향했다. 여러 스님, 행자, 법우들과 함께 수련에 들어가니 양익 큰스님께서 금강연수원

넷째 마당 허주 큰스님과 보림선원

"시시각각 다가오는 반연속에서 최선을 다하라"

으로 들어오신다.

항상 서두르지 않고 이생에 안 되면 내생에라도 멈추지 않고 한다는 수행 철학이 큰스님의 가르침이라 빨리 평상심으로 돌아가 수련에 몰두할 수가 있었다.

청련암은 매주 다가오는 휴일을 쉬지 않고 평일처럼 보내며 한 달에 한번 휴일을 정해 쉬고 있다. 당연히 주말이란 개념이 사라진 지 오래고 수련 시간 외에도 대중들의 정진의 시간이란 때가 따로 있을 리 없다. 시시각각으로 다가오는 반연 속에서 최선을 다하는 모습이 바로 오랜 습관의 틀에 박힌 경계를 부수기 때문이다.

오전 수련을 금강연수원에서 끝내고 하산한 후 집에서 몇 시간의 휴식을 가진 뒤 다시 병장기를 차에 가득 싣고 허주 큰스님이 계시는 경주 보림선원으로 향했다. 매주 목요일에 가르침을 받았지만 이번 주부터는 토요일로 옮기라 하셔서 토요일의 밤기운을 맞으며 왕복 140킬로를 차로 달렸다. 보림선원은 고요한 시골 농가인데 마당에 탑이 없다면 절인지 분간이 안 되는 곳이다. 수련장이 특별히 없고 마당과 길을 빌어 무술연무장으로 쓰고 있다. 개인 연무를 두 시간 정도 하고 있으니까 60대의 연세로는 조금 큰 키로 섬세하면서도 영화배우를 능가하는 호남 형인 큰스님이 나오신다.

허주 큰스님으로부터 사형인 해운대 김 법사님과 함께 가르침을 받은 지 1년 6개월이 다 되어 간다. 예로 시작하여 예로 끝나는 것이 큰스님의 가르침이라 요약할 수 있다. 인성을 특히 중요하게 여기시는 분으로 예순하나의 연세에도 불구하고 직접 연무를 보이시고 비가 오나 눈이 오나 스스로의 연무를 멈추지 않으신다. 그렇게 솔선수범하시는 모습을 볼 때마다 지도를 받은 무력 20년이 다 되가는 30대 중반의 제자들은 할 말을 잃는다. 시골 농가를 개조한 선원 앞마당 연무장에서 언월도, 도, 철편, 장봉, 이절곤 등 병기 수련을 하다 보면 나를 비롯한 무우(武友)들의 모습과 큰스님께서 장봉을 들고 있는 모습이 첨단의 요즘 시대 사람들의 모습이 아니라 천년 전 수행 세상으로 돌아가 무술을 연마하는 무인들의 모습이라는 착각이 들 정도다.

가로등 따위의 인공의 불빛이라곤 찾아볼 수 없는 시골 하늘의 별은 어린 시절의 밤하늘을 떠올릴 수 있을 정도로 유독 빛난다.

허주 큰스님의 예절

허주 큰스님의 가르침은 한 마디로 철저한 유교적 예절이라 말하고 싶다. 큰스님께 지도를 받으며 나 자신도 모르게 어른을 모시는 예절을 잊고 살아왔구나 하고 스스로의 잘못을 알 수 있었고 예절이 얼마나 중요한 것인지 체험하는 소중한 인연을 맺을 수 있었다.

첫째, 큰스님은 절대로 반말을 하지 않으신다. 상대방이 누구건 남녀노소를 불문하고 철저하게 존칭을 쓰시는 모습에 처음에는 너무나 당황하였다.

둘째, 스스로 행으로 모범을 보이신다. 말로 하는 경우를 보지 못했다. 직접 몸으로 행하시며 보여 주시는 모습은 한 마디로 자비요, 사랑이다.

셋째, 아무리 제자라도 경계를 침범하지 않고 예절을 지키신다. 예를 들어 허락을 받지 않고 제자의 방문을 여는 경우가 없고 당신 마음대로 명령격인 언행을 쓰지 않으신다.

넷째, 연무에 임하실 때는 날씨의 경계를 허락하지 않으신다. 특히 부처님 오신 날 이후부터 추석날까지는 비가 아무리 많이 쏟아져도 당신 스스로 비를 흠뻑 맞으며 지도에 여념이 없으시다. 직접 체험해 보지 않고 누가 믿겠는가? 우리 제자들은 회갑이 넘은 연세에도 비를 흠뻑 맞으며 가르침을 주시는 스승님의 모습에서 마음속으로 자연스럽게 스승이라는 자격이 얼마나 어렵고 힘든 것인지 두려움을 느꼈고 또 이렇게 훌륭한 큰스님에게 가르침을 받는 것만으로도 너무나 행복했다.

다섯째, 진실로 열심히 가르침을 구하려는 정성과 겸손이 보이지 않으면 바로 앞에서 꾸짖으시고 왜 잘못된 것인지 말씀하신 다음 알아듣지 못하면 바로 쫓아 내셨다.

가르침을 받은 지 열흘쯤 되었던 1년 반 전으로 기억된다. 그때는 나와 아내, 그리고 김학균 법사님까지 셋이서 함께 가르침을 받고 있었다. 그 당시에 한 번이라도 더 큰스님께 소림무술 가르침을 받고 싶은 욕심에 스스로 날짜를 잡고 부산에서 경주까지 달려가 나름대로 최대한 겸손하고 부드러운 목소리로 말씀을 드렸다.

"큰스님, 화 목 토 3일 더 큰스님께 가르침을 받고 싶습니다. 허락하여 주십시오."

그랬는데 큰스님의 온화하던 모습이 갑자기 싸늘하게 식으며 파랗게 얼굴에 냉기가 돌더니 벽력같은 호통을 치시는 게 아닌가!

"거사님들, 스승이 누구예요?"

너무나 뜻밖의 사태에 깜짝 놀라 작은 목소리로 대답했다.

"적운 스님입니다."

"적운 스님이 거사들을 그렇게 가르쳤는가?"

두려움에 몸 둘 곳을 모르며 우물쭈물하였다.

"아~아닙~니다…!"

"이런 행동은 결국 자네들의 스승인 적운 스님을 욕되게 하는 줄 모르는가!"

큰일을 저질렀다는 두려움에 묵묵부답 대답을 하지 못했다.

"적운 스님의 은사님은 누구인가?"

이번에도 역시 침묵!

"능혜 스님 아닌가! …능혜 스님이 나의 도반인데 어디 어른 앞에서 스스로 확답을 들고 와서 허락하여 달라는 말이 나와? 당장 나가세요!"

이렇게 큰소리로 할을 하시는 게 아닌가?

스님들에게 은사란 승려가 되기 전 머리 깎아 주신 분을 말한다. 말하자면 속세로는 아버지에 해당된다. 스승님이란 스님이 된 후 사제의 인연을 맺고 밑에서 가르침을 받은 분을 말한다. 말하자면 능혜 큰스님은 적운 스님의 은사님이고 양익 큰스님은 적운 스님의 스승님이 되신다.

큰스님의 호통 소리에 너무나 무섭고 황송하고 죄송스러워 한 마디 대꾸도 하지 못한 채 주섬주섬 수련복을 벗고 옷을 갈아입으며 "이렇게 어렵사리 인연된 큰스님의 가르침을 받지 못하고 쫓겨나는구나!" 하고 탄식한 뒤 하직 인사를 드리려고 큰스님께 무릎을 꿇었다.

"큰스님, 저희들이 예절을 모르고 큰스님께 무례를 범했습니다. 용서해 주십시오!"

진실하게 참회를 하며 말씀을 드렸다. 그리고 하산하기 위해 부처님께 인사를 하고 큰스님께 하직을 드리기 위해 큰스님께 다가서니 큰스님께서 노여움을 거두시고는 말씀하셨다.

"무술을 통해 수행을 하는 사람이라면 스승님께 무슨 할 말이 있거든 절대로 밤에 찾아와서는 안 되며, 위 어른을 방도 아닌 밖에 세워두고 이야기를 해서는 안 되며, 항상 낮에 찾아와서 '스승님 드릴 말씀이 있습니다!' 하고 공손히 말을 한 뒤 스승님께서 허락을 하면 방에 들어와서 '화 목 토에 시간을 내서 큰스님께 소림무술 가르침을 많이 받고 싶은데 스승님 생각은 어떠십니까?' 하고 위 사람에게 결정권을 주어야 올바른 제자의 예의가 아닌가?"

우리들은 누구라 할 것 없이 머리를 조아렸다.

"큰스님, 잘못했습니다. 다시는 이런 예의 없는 행동을 하지 않겠습니다. 저희의 무례함을 용서해 주십시오!"

이렇게 거듭 사죄 말씀을 드리며 고개를 푹 숙이고 있으니 큰스님께서 다시 수련복을 갈아입으라고 하시지 않는가!

저녁 늦게 부산으로 돌아오며 나는 허주 큰스님의 꾸지람을 되새겼다. 나는 제자를 지도하는 법사라는 지위에 오른 후 자신도 모르게 권위적이 되었고 거만함이 행동에 스몄던 것이다. 큰스님의 호통 한 번으로 방자해졌던 내 모습이 산산이 부서졌다. 깨지며 흩어진 것이 아니라, 오랫동안 잊고 있던 예절을 새롭게 되찾았다.

그 뒤로 일요일에는 큰스님께서 부를 때마다 불원천리 보림선원으로 울력을 하러 갔다. 또한 공양을 할 때도 큰스님이 들어오셔서 식탁에 앉아야 우리도 앉았으며 큰스님께서 수저를 들어야 우리도 들었고 조심조심 소리 안 나게 음식을 먹었다. 먼저 다 먹더라도 큰스님이 수저를 놓아야 우리도 놓았으며 큰스님이 일어나셔야 우리도 일어났다.

큰스님께서는 신도 분들이 큰스님 드시라고 보내온 음료수를 우리 제자들에게 주실 때도 입문 순서로 먹게 하시어 스스로 질서를 잡으셨다.

그리고 합장 반배를 하더라도 아주 천천히 90도로 정성을 다하여 예를 하셨고 인연되는 제자들을 지도할 때나 손님이 왔을 때도 꼭 입구까지 나오셔서 한 치의 허점도 보이지 않는 예절을 보여 주셨다. 또한 항상 근검절약하는 생활을 실천하셨다. 우리에게 물도 함부로 버리지 못하게 하셨고 먹을 만큼만 뜨게 하셨다. 또한 당신 처소에 보일러도 하지 않으시고 스스로 나무로 불을 직접 지펴서 온방을 하셨다. 옷가지도 손으로 직접 빨아 입으셨고 방 청소도 절대로 제자를 시키지 않으셨다.

큰스님께서는 서옹 큰스님께서 조계종 종정 직에 올랐을 때 조계종 총무원에서 감찰부장 소임을 보셨다. 당시의 조계종은 주먹이 법인 아수라장의 시대라 비록 불도를 닦는 출세간의 세계라 할지라도 감찰부장의 지위는 속세의 권력기관인 국가정보원의 자리처럼 무소불위의 직책이었다. 사리사욕을 위해 마음만 먹으면 얼마든지 대찰을 만들 수 있는 반연을 끌어들일 수 있는 위치였다. 혹 사리사욕이 많은 수행승이 마음 한번 다르게 먹으면 대내외적으로 그릇되게 불교를 알리는 역할을 할 수 있는 자리였다. 하지만 큰스님께서는 승려의 본분을 돌아보며 마음을 굳건히 하여 잘 보냈다고 회상하시며 이렇게 말씀하신다.

"절의 행정승(行政僧) 격인 사판승은 나의 성격과 맞질 않아요. 승려의 본분은 오로지 부처님의 가르침대로 열심히 용맹정진으로 수행하고 가르침을 많은 이들에게 전하는 일이지요. 나는 승려로서 시주의 은혜를 입고 수행하는 사람으로 사판승보다는 부처님의 가르침에 따라 정진하며 수행할 수 있는 지금의 조용한 보림선원이 너무나 좋아요."

이렇게 말씀하시는 큰스님은 출가 본분을 잊지 않는 훌륭한 스님이란 걸 알 수 있었다.

1월 달에는 큰스님의 회갑이라 오랫동안 큰스님께 무술 수업과 불법 수행을 받은 인연된 제자들이 경주호텔에 작은 잔치를 준비하였다. 하지만 큰스님께서는 아무도 모르게 1주일씩 선원을 떠나게시며 알고 찾아온 신도와 제자들을 피하셨다. 그리고 1주일 뒤에 나타나셔서 이렇게 말씀하신다.

"부모형제의 인연을 끊고 부처님 가르침을 따라 성불하겠다고 승려가 된 내가 무슨 회갑이고 생일이 있어요? 난 그런 겉치레를 받을 수 없어요."

영적 진화를 위해 스승님을 찾아 나서다

포근한 봄 날씨 속에 보림선원을 향해 차를 달렸다. 왕복 140킬로의 거리지만 늘 오가는 길이 즐겁기만 했는데 사형 김학균 법사님의 개인 사정으로 인해 벌써 3번째 혼자 달리고 있다. 김 법사님과 함께 선원에 가노라면 사제를 위해서 도움 되는 조언, 덕담, 도담을 나누기 때문에 가는 시간에 좋은 내면의 수련을 쌓거나 수행을 함께 할 수 있는 인연이 얼마나 소중한지 고맙기 그지없었다. 시골 한가운데 자리 잡은 선원의 입구에 들어서면 향기로운 큰스님의 체취가 느껴질 정도로 마음이 편안해진다.

오늘은 가장 오랫동안 허주 큰스님께 가르침을 받아온 김 관장님과 학현 스님, 김 거사와 함께 수련에 임했다. 개인적으로 이전 시간에 배운 것을 복습 연무하고 있으면 큰스님께서 일대 일로 자상하게 돌아가며 가르침을 주신다.

소림연무를 하고 있으니 허주큰스님께서

다가오셔서 말씀하신다.

"내가 1960년대 해인사에서 수행하던 시절에는 절이 가난하여 해인사에 놀러 온 학생들이나 관광객들에게 승려들이 밥장사를 해서 어려운 절 생활에 도움을 주면서 수행했어요. 먹을 것이 부족하니 항상 죽으로 끼니를 때우면서도 모두가 열심히 수행 했지요. 하지만 영양분을 충분히 섭취하지 못하니 항상 머리가 어지러워서 너무나 힘들었지요. 요즘 무술을 배우리오는 젊은 사람들은 긴 안목과 인내력이 너무나 없어요. 무술은 절대로 조급하게 서두르지 않고 노력을 해야 한 단계라도 발전되는 거예요. 무술을 올바로 배우려면 최소한 세분이상의 스승을 모시고 고정된 틀에서 벗어나 여러 스승님께 지도 받은 가르침 안에서 노력하여 한발 더 나아가 걸림 없는 상승된 무술세계를 스스로 구축하는 것이 진정한 무인의 길이요. 수행자의 몸가짐이에요."

큰스님의 보배로운 말씀을 들을 때마다 더 열심히 노력하자는 분발심이 생겨난다.

내가 지금 허주 큰스님께 지도받는 것은 권법, 장봉술, 이절곤, 도, 철편이다. 하루에 두 가지를 지도하여 주시는데 어떤 것을 지도하실지 모른다. 그래서 꼭 어린 시절에 엄한 선생님이 전 시간에 배운 것을 점검한 뒤 새롭게 진도를 나갈 때의 심정과 조금도 다르질 않다.

그래도 학창시절에는 운이 좋으면 옆 친구 선에서 점검을 마치고 다음 수업으로 넘어갈 때도 있었다. 하지만 지금은 큰스님께서는 일대 일로 100% 점검을 하시기 때문에 빠져 나갈 구멍은 애당초 생각할 수가 없다. 이럴 때는 반복 연무만이 유일한 해답이다. 선원에서 수련 중인 제자들은 이런 사실을 다 알기에 개인 휴식과 잡담하는 모습을 찾아볼 수가 없고 정성을 다하여 열심히 배운 것을 복습 연무한다.

"올바른 스승님은 제자의 영혼을 깨우고 진화시킨다."

큰스님 앞에서 지난번 배운 것을 소화하지 못한다면 비록 오랫동안 무술을 연마한 장년의 관장들에게도 예외 없이 큰스님의 온화한 모습이 금강역사상으로 변하면서 불호령이 떨어진다. 때문에 열심히 안 한 과보로 책임을 지고 스스로 하산하는 것이 현명한 선택임을 제자들은 다 알고 있다.

한참 소림연무를 하고 있으니 오늘은 마지막으로 내게 오셨다. 합장 반배로 90도 예를 취하며 "가르침 받겠습니다!" 하고 절을 한 뒤 장봉술과 도를 지도받았다.

한번 연무를 보이실 때 마다 그 소중한 가르침을 놓칠까 하여 심신(心身)이 긴장되고 온몸이 땀으로 범벅이 된다. 큰스님께 소림무술을 지도

받을 때 최소한 두 번째 가르침을 받을때면 다른 경계가 들어올 수 없는 집중된 정신 상태가 된다. 출가하신 스님들을 스승으로 모시고 무술을 배우다 보니 두 번 이상 반복해서 가르침을 주시지 않는 것을 알게 되었다. 그래서 가르침을 받는 시간이면 나의 심신이 살아서 움직이며 고도로 집중되는 것을 느낄 수 있다.

수를 다 지도받고 마지막으로 "가르침 잘 받았습니다." 하고 큰소리로 인사하며 예를 표한 뒤 30분 동안 배운 것을 반복 연무하고 있는데, 큰스님께서는 오늘도 변함없이 탑 주위를 조용히 돌고 계신다. 늦은 밤 11시 30분이 되자 그만 마치라며 손뼉 소리로 신호를 하신다. 우리는 큰스님 앞에 모두 모여 관법으로 배운 것을 명상(瞑想) 연무한 뒤 부처님 전에 목탁으로 예를 표한 다음 큰스님께 예를 표하고 서로 간에도 90도로 합장 반배를 하고 헤어졌다. 부산으로 돌아오니 새벽 1시 30분이다.

특히 마칠 때의 청아한 목탁 소리가 가슴으로 울려 퍼지는 순간의 황홀함과 존경받을 만한 선지식을 모시고 가르침을 받는 즐거움은 무엇과도 바꿀 수 없다. 오로지 나의 영혼을 깨우고 영적 진화를 도와주시기 때문에 스승님이 아무리 멀리 계셔도 찾아가서 정성을 다해 귀의하고 가르침을 받는 것이다.

허주 큰스님께 언월도를 처음 배우다

지난주에 허주 큰스님께서 언월도를 준비해 오라고 말씀하셔서 토요일 일찍부터 제제소와 목공소로 합판을 구하러 열심히 뛰어다녔다. 다행히 한 목공소에서 다른 물건을 만들다 버린 4.5센티 두께의 적절한 합판을 찾았다. 목공소에 부탁해서 합판을 2.5센티 두께가 되도록 잘라 깨끗하게 대패로 밀어서 동래수련원으로 가져왔다. 가져온 합판은 장장 7시간을 투자하여 언월도를 만들었다.

나무 가루와 땀으로 온몸이 범벅이었지만 스스로 보기에도 그럴싸하다. 손수 언월도를 만들었다는 자부심과 정성이 들어가서일까, 언월도에 아끼는 정이 스민다. 기분이 좋다.

언월도를 챙겨 싣고 오늘 저녁부터 큰스님께 언월도를 배우겠구나 하며 설레는 가슴으로 김 법사님과 보림선원에 도착했다. 한참 지난주 배운 것을 연무하고 있으니 저 멀리 큰스님께서 나오시며 양 관장님에게 물으신다.

"언월도를 만들어 왔어요?"

"저는 못 만들어왔습니다."

양 관장님 대답에 순간적으로 큰스님 표정이 어두워지신다. 오늘 배우기는 틀렸구나 하고 생각하며 김 법사님과 속삭이는데 큰스님께서 우리 쪽으로 다가오시며 물으신다,

"두 분은 만들어 왔나요?"

우리는 누구라 할 것 없이 큰소리로 씩씩하게 대답했다.

"예, 만들어 왔습니다."

그제야 큰스님께서 얼굴을 환하게 펴시며 다가오서서 일일이 언월도를 만져 보고 즐거워하신다. 양 관장님은 김 관장님께 언월도를 빌렸다. 세 명이 큰스님 앞에 나란히 섰다.

"수 받을 준비!"

큰스님의 조용하며 무거운 목소리가 들린다.

"가르침, 받겠습니다!"

세 명이 나란히 큰스님께 90도로 상체를 숙이며 예를 표하고 새로운 소림무술 속으로 들어갔다. 큰스님의 조용한 말씀이 들린다.

"이 언월도는 지상에서 쓰는 것이고 말 위나 물 위에서 쓰는 언월도가 있는데 모두 길이가 다 틀려요."

"자기 팔 길이에 따라 길이를 조절하여야 하고 몸의 힘을 키워서 갖고 놀 수 있도록 연무를 해야 해요. …수를 많이 받으려고 욕심 부리지 말고 적게 하나라도 완숙하게 표현을 하여야 하는 것이니 명심해야 돼요. …나중에는 손바닥에 물집이 생기고 굳은살이 박이도록 열심히 해야 해요."

"쉬지 않고 연무하다 보면 몸에 힘이 붙는다."

큰스님께서 당부를 잊지 않으신다.

오늘 배운 수는 후방을 좌우로 쳐서 5방향으로 4수를 배웠는데 오행의 원리로 풀어서 중심에 서 있는 나는 토(土)로 생각하며 연무에 들어갔다.

수련을 하다 보니 언월도의 무게 때문에 손목과 어깨가 엄청나게 아프다. 고통스러운 표정을 짓자 큰스님께서 말씀하신다.

"전에 나하고 공부하던 스님은 한 손으로 시멘트 한 포대를 가볍게 집어 던졌어요. 무인이라면 그 정도는 힘을 써야 돼요.~…최 관장님 거나 내가 들고 있는 거나 무게는 똑 같아요. 자꾸 하다 보면 몸에 힘이 붙고 괜찮아질 거예요."

한 손으로는 도저히 버티지 못할 정도로 언월도가 무겁지만 회갑을 넘으신 큰스님께서도 얼굴에 한 치의 내색도 않으시는데 이거야 원. 김 법사님과 서로 얼굴을 쳐다보며 "젊은 우리가 이렇게 힘이 없어서야"라고 말하며 허탈한 웃음만 나온다.

"오늘은 여기까지. 혼자 연습!"

큰스님의 조용한 말씀이 떨어진다.

"가르침 잘 받았습니다!"

예를 한 다음 온 대중은 김 거사님이 가져온 수박 원액을 한 그릇씩 마시며 잠깐 목을 축이고 휴식을 취한다. 수련 뒤의 이 맛이란, 한 마디로 온몸이 녹아 없어지듯 상쾌하다. 다시 한 시간 정도 오늘 배운 수를 복습 연무하자 큰스님의 마치라는 손뼉 소리가 들린다. 법당 부처님을 향해서 온 대중이 세 줄 횡대로 섰다.

맨 앞에는 큰스님. 두 번째는 김 관장님, 양 관장님, 김 법사님, 나. 세 번째는 김 거사님, 방학 중에 보림선원에서 수련하며 공부 중인 부산대 학생 한 명, 부산 초등학생들 다섯 명 도합 12명이다. 우리는 큰스님 앞에서 관법 명상으로 복습 연무를 한 뒤 김 관장님의 목탁소리에 맞추어 전 대중이 부처님께 삼배로 예를 드렸다. 큰스님께 감사의 예를 하고 서로 마주보며 반배로 고개를 숙이며, "수고하셨습니다!" 하며 예를 한 뒤 전 대중이 가벼운 음료와 빵을 먹고 끝냈다.

부산으로 오는 중에 언양 휴게소에 들러 김 법사님과 커피를 마시며 우리라도 정도를 따라 살아가자고 도담을 나누었다. 김 법사님은 나에게 "작은 나라에서 아웅다웅 살지 말고 2~3년 수련을 더 한 다음 우리들을 원하고 꿈을 펼칠 수 있는 넓은 세상인 유럽으로 함께 가서 서로 의지하며 살자"는 이야기를 했다. 부산에 돌아오니 새벽 2시 10분.

관운장과 언월도

보림선원에 도착하여 몸을 풀고 지난 시간에 배운 소림무술 연무에 들어가 장봉, 도, 이절곤, 권법, 언월도를 가지고 복습 연무를 했다. 우스운 이야기지만 선원에서 1년 10개월 동안 같이 연무를 하면서도 서로가 성만 알고 지냈는데 오늘에서 서로 물어보고 이름을 처음 알았다. 사회에서는 도통 이해하지 못할 부분이지만 절 안에서 각자 수행의 길을 가는 사람들은 타인에게 많은 것을 알려고 하지 않고 스스로의 수행에 온 힘을 쏟는 습관이 있다.

허주 큰스님께서 언월도를 갖고 나오시는 걸 보고 큰스님 앞에 섰다.

"수 받을 준비!"

묵직한 큰스님의 목소리가 들린다. 우수에는 각자 언월도를 들고 좌수를 앞으로 수도로 뻗어서 한 발 나서며 90도로 공손히 허리를 굽혀서 정중하게 큰스님께 예를 올렸다.

"가르침, 받겠습니다!"

오늘은 언월도 6수와 도 2수를 가르침 받았는데 큰스님께서 삼국지의 관운장 이야기를 하신다. 여든두 근 52킬로그램의 무게를 한 손으로 갖고 놀았다는 관운장의 모습이 어릴 때부터 나관중의 삼국지를 20회 정도는 읽어온터라 금세 영화의 한 장면처럼 떠오른다. 관운장이 원소 휘하 상장군 안량과 문추를 단박에 청룡언월도로 목을 떨어뜨리는 위세 등등한 모습이 환영처럼 보이는 것이었다. 큰스님께서 말씀하신다.

"시멘트 한 포대를 한 손으로 갖고 놀아야 해요. …언월도를 원월도라고도 해요."

큰스님께서는 오늘 또한 오행에 따라 상생 상극의 원리로 가르침을 주셨다.

큰스님께서 말씀하신다.

"도와 봉을 합친 것이 이 언월도인데 전쟁 상황에서는 다수를 공격할 때 유리하지만 창하고 대결할 때는 불리한 것이 언월도예요. …창은 적은 인원과는 대결하기 좋지만 다수의 인원과는 불리하고 검은 오랜 기간 닦아서 상대 몸을 타고 들어가기 때문에 모든 병기를 숙달한 후에야 검을 이해할 수 있어요. …언월도와 창 이런 것은 주 병기로서 전쟁 때는 말 위에서 싸우면서도 상대 말들은 죽이지 않았어요. 말을 죽이면 그것은 무사가 아니에요. …몽고의 징키스칸을 보세요. 만약 일찍 죽지 않았다면 영국까지 점령을 했을 거예요. 몽고 사람들 말 타는 것을 보면 말과 말 사이를 자유롭게 왔다 갔다 하면서도 활을 아주 정확히 잘 쏘거든요. …좌·우수로 하루에 100번씩 반복하셔야 돼요."

끊임없는 반복 연습의 중요성을 전달시키려 노력하시는 큰스님의 자비가 보이는 이 순간은 오로지 정진, 정진만이 모든 업연을 끊는 방편적 가르침인 것을 알 수 있었다.

"가르침 잘 받았습니다!"

공손히 예를 하고 20분간 다도를 하며 수행정보를 교류한 뒤 부산 집으로 가기위해 경부고속도로에 진입하였다. 경부고속도로 20분을 달려 언양 휴게소를 4킬로 남겨두고 불과 20분전에 서울 쪽으로 가던 대형트레일러가 중앙선을 침범하여 반대편 2차로까지 침범하는 대형사고로 중앙선 가드레일 위에는 승용차 2대가 올라와 있고 1차로 부산 방향으로 달리던 승용차 2대는 형체를 알아볼 수 없을 정도로 불이 탄 채 찌그러져 있고 분주히 오는 구급차, 경찰차, 먼저 도착한 경찰 10여명이 사고수습을 하느라 정신이 없고 서울방향은 차들이 꼼짝도 못하고 거대한 주차장으로 변해 있었다. 부산에서 경주 보림선원 소림연무시간에 도착하려고 시간에 쫓기다보면 경주고속도로에서 규정 속도를 지키지 않고 과속을 하였고 과속주행을 하다가 앞차트럭에서 떨어지는 로프나 건축자재들 때문에 장애물을 급하게 피하느라 몇 번의 생사기로에 서기도 했었다.언양 휴게소에서 들러 김 법사님과 자판기에서 커피를 빼서 마시며 사람으로 태어나 오늘처럼 예고 없이 다가오는 교통사고로 죽음을 맞이하는 사람의 삶에 대하여 심각하게 고민하였다. 한치 앞을 내다보지 못하는 인생을 살면서 먼 훗날을 바라보며 미래를 설계한다는 것이 오늘처럼 어리석게 느껴지기는 처음이었다.

좋아하는 수준에서 진일보하여
미친 경계까지 가야

보림선원에 도착하니 토요일의 시골 밤하늘은 가로등이 없어서 유독 아름답게 빛난다. 옆에 있는 김 법사님이 말한다.

"최 법사님, 저기 은하수 보세요. 방금 유성 떨어지는 것 봤어요?"

내가 고개를 들어 하늘을 보니 우주가 펼쳐진 모습이 사람을 감동시키기에 충분하다. 저 많은 은하 세계에 비하면 이 지구 안에 사는 나는 얼마나 미약한 존재인가?

선원으로 들어가니 연무 소리도 들리지 않고 너무나 조용하다. 잠시 후 7개월째 선원에서 상주하며 허주 큰스님에게 중국 황궁다도를 배우고 있는 김 거사가 다가와서 말한다.

"김 관장님은 부모님이 중국 여행 가시는 바람에 빈 집 보러 잠시 가셨어요. 큰스님께서 오늘은 위 마당에서 연무를 하라시는대요."

9시 30분이 되어도 큰스님께서 연무장에 나오시지 않는다. 벌써 한 달째 큰스님에게 지도를 못 받고 복습 연

무만 하다가 힘이 빠진 채 부산으로 돌아갔었다. 큰스님께서 오늘도 안 나오시나 보다 생각하고 매트로 특수하게 만든 사각형의 백을 김 법사님과 손으로 치고 발로 차며 연무를 하고 있으니 큰스님의 부드러운 목소리가 들린다.

"나오셨어요?"

그 순간 온몸에 전율하는 기쁨의 파도! 큰스님 앞에서 전 시간에 배운 것을 확인하는 복습 연무를 끝내자 큰스님의 가라앉은 목소리가 들린다.

"수 받을 준비!"

김 법사님과 언월도를 들고 큰스님 앞에 나란히 서서 90도 반배로 머리를 숙이며 "가르침 받겠습니다!" 하고 예를 올린 다음 연무에 들어갔다. 큰스님께서 말씀하신다.

"소림무술에는 오권(五拳)이라는 것이 있어요. 학, 후(원숭이)=표범, 사(뱀), 호랑이, 용권이 있는데 사람의 체형에 따라서 권을 지도하게 되어 있어요. 팔이 유독 길면 후권을 지도하고, 마르고 키가 크면 용권을, 보통 체형에 빠르면 호권을 지도하는데 각 권마다 50종류의 병장기를 다루니까 오권을 마치면 250종류의 병장기를 자유롭게 쓸 수 있어요. …저도 삼촌한테서 이 오권을 배웠어요. 앞에 두 분도 무술을 좋아하잖아요. 이제까지 열심히들 연무하셨지만 거기서 한 걸음 진보하여서 미친 경계로 나아가야 되는 것이에요. 잠잘 때도 병기를 안고 잘 정도로 열심히 연무해야 돼요."

오늘은 9수를 배웠다. 오행의 원리에 맞추어 내 몸을 토(土), 앞은 목(木), 뒤는 금(金), 오른쪽은 화(火), 왼쪽은 수(水)로 잡고 언월도를 배웠다.

큰스님께서 말씀하신다.

"정진보다 한 걸음 더 미친 경계까지 가야 한다"

"이 오행을 알면 말로만 들어도 무술적 기법을 사사받을 수 있는 거예요."

그러면서 상단 막고 위에서 돌려서 오른쪽, 왼쪽, 오른쪽 연속으로 하에서 상으로 올려 베는 시범을 보이신 다음, 이렇게 말씀하신다.

"이것을 방금 배운 오행으로 풀어보세요."

한번에 큰스님의 가르침을 받으려는 마음에 온몸이 땀으로 범벅이고 몸과 마음이 고도로 집중되어 있었다.

"그렇지! 그럼 8수를 배운 거예요. 천천히 유권으로 해 보세요."

잠시 후 김 거사님이 휴식하라는 신호로 포도와 미숫가루를 갈아 만든 음료를 가져온다.

휴식이 끝난 뒤에 한 수를 더 지도해 주시며 큰스님께서 말씀하신다.

"좌우로 바꿔가며 열심히 100번씩 연무를 하세요. 시계 방향은 상생이고 시계 반대 방향은 상극의 원리이니 맷돌도 상극으로 돌려야 가루가 되는 것이에요. 한쪽 눈을 감으면서도 연무를 하세요. 만약에 눈을 감고 연습을 해 보지 않으면 눈을 다쳤을 때처럼 위험한 순간에 위기를 넘길 수 없는 거예요. …이 소림무술을 익힌 사람과 겨룰 때는 사지를 못 쓰게 하지 못한다면 제압한 것이 아니에요. 항상 수족을 좌우로 완벽하게 체득하기 때문에 두 사람과 대결한다고 생각하면 되는 거예요. … 요즘 무술 잘하는 사람보고 고수라고 하는데 이것은 잘못 말하는 거예요. 손을 잘 쓰는 예술가에게 맞는 말이지 무술을 잘하는 사람에게는 뒤에 명인이나 달인이라는 말을 써야 올바른 것이에요."

그리고 중국에서 소림무술이 자리잡고 활약하던 시대 상황을 말씀하셨다.

"소림사는 아주 하찮은 무술이라도 배척하지 않고 수용했어요. 그래서 계속 발전하는 것이지요."

백번 옳은 말씀이다. 한참 배운 것을 반복 연무하고 있으니 마치라는 손뼉소리가 들린다. 부처님께 예를 하고 관법으로 복습 연무를 한 다음 큰스님께, "가르침 잘 받았습니다! 감사합니다!"라는 예를 하고 부산으로 돌아오니 새벽 2시 30분.

언월도 연무 중 체력의 한계를 느끼며

허주 큰스님을 찾아가 소림무술을 접한 지 2년이 다 되었다. 선무도는 오래 전에 스승님께 3승형까지 전수받았지만 배움이란 끝이 없다. 수련을 멈추지 않고 부족한 부분을 지도해 줄 수승한 경지의 존경할 만한 스승이 있다면 천리를 마다 않고 찾아가서 밤늦도록 가르침을 받으면 세상 살아가는 멋이 있고 내가 살아 있음에 감사하게 된다.

부산 집에서 차를 타고 1시간 50분을 투자하여 경주 보림선원에 당도하니 제법 날씨가 써늘하고 춥다. 저쪽에서 김 관장님이 용권에 해당되는 큰 링으로 연무에 여념이 없고 양 관장님은 라한봉 연무에 열심이다. 또한 김 거사님도 장봉수련을 하고 계신다. 서로 반갑게 예로 인사를 하고 지난 시간에 배운 소림무술 복습 연무에 들어갔는데 승용차들이 끊임없이 선원 옆집으로 들어온다.

선원에서는 병기를 많이 쓰기 때문에 마당 바깥도로까지 연무장으로 쓰는데 차가 들어오는 순간은 잠시 연무를 멈출 수밖에 없다. 알고 봤더니 선원 이웃의 노부부 집에서 내일 따님을 결혼시키는 잔치가 있는 관계로 전국에서 가족들이 찾아오는 것이었다.

아직도 기다리던 작은 아들이 오지 않았는지, 할머니가 자주 도로로 나오셔서 왔다 갔다 하시다 손자를 태운 차가 오자, 뛰어나가 아이를 안고 기쁘게 집으로 들어가신다. 그 모습을 보니 황혼을 생각해서라도 많은 자식을 두는 것이 또 다른 행복이 아닌가 생각이 든다.

한참 연무에 몰입하니 또 한 무리의 외국인과 학생들이 와서는 허주 큰스님께 인사를 한 후 소림무술 연무 구경을 하느라 앉아 있다. 잠시 후 큰스님께서 나를 부르는 소리가 들린다.

"수 받을 준비!"

"가르침 받겠습니다!"

공손히 예를 하고 연무에 들어갔다. 큰스님께서 말씀하신다.

"양 관장님은 저번 주에 못 나오셨죠? 최 관장님이 저번 주에 배운 9수를 천천히 연무해 보세요."

세 번 정도 반복 점검을 하신 후 오늘은 9수를 지도해 주셨는데 구경하시는 분들이 있어서인지 오늘 따라 아주 빠르게 5수를 한번만 시범을 보이신 후 죽도를 들고 가르쳐 준 대로 상대역을 직접 하신다. 내가 상단막을 연무를 하면 인정사정없이 상단을 내려치시며 점검을 하시는데 따라하지 못해 아주 곤혹스러웠고 등줄기로 식은땀이 줄줄 흘러 내렸다.

이럴 때 뼛속 깊이 전달되는 무술의 첫째 조건은 힘! 힘! 힘이란 걸 절실히 느꼈다.

큰스님께서 말씀하신다.

"오늘은 여기까지 혼자 연습!"

공손히 반배의 예를 올리며, "가르침 잘 받았습니다!" 하고 인사를 드렸다.

다음 주는 추석이라 보림선원의 연무는 쉰다. 1시간 복습 연무를 하고 있으니 마치라는 큰스님의 손뼉소리가 들린다. 큰스님 앞에 김 관장님, 양 관장님, 나, 김 거사가 일렬로 섰다. 큰스님께서 말씀하신다.

"포~권!"

대중들이 오른손을 주먹 쥐며 앞으로 뻗어서 "주먹~권!", 좌수를 우권 옆에 대며 "잡을~포!", 주먹을 감싸 쥐며 명치 앞에다 놓으며 "포~권!"이라고 외치는 큰 목소리가 도량을 울린다. 이어 큰스님의 목소리.

"항문 닫고 혀 입천정에 붙이고 다섯 발가락은 땅을 움켜쥐듯 당기고 눈 반개하고 단전으로 의식을 모아서 오늘 배운 것을 관법으로 연무하세요!"

잠시 후 관법으로 연무가 끝났다는 신호로 우리가 손을 내리며 차렷 자세를 취하자 큰스님께서 손뼉을 치신다. 부처님께 예를 올리라는 신호다. 김 관장님이 90도로 반배의 예를 하고 목탁을 잡고 한번 '똑' 신호를 하자 큰스님도 뒤로 돌며 부처님을 향한다.

'똑, 똑… 또르르르.' 낭랑한 세 번의 목탁소리에 맞추어 큰스님을 비롯한 대중들이 서서 약식 삼배의 예를 하는 이 순간은 장엄하다. 다시 큰스님이 돌아서자 일보 나아가며 정성껏 예를 한다.

"편히 쉬십시오. 감사합니다."

대중들 서로 반배로, "수고하셨습니다." 하고 예를 한 다음 부산에 돌아오니 새벽 2시.

소림무술을 하고 골굴사로

오랜만에 스승님께 인사도 드리고 사제들과 특별수련을 하기 위해서 토요일에 나의 가족 미카엘라, 홍림, 우정을 데리고 김 법사님과 함께 골굴사에 가서 스승님께 인사를 드리니 이번 28일 선무도 대학 기숙사 공사를 시작하시겠다고 하시며 밝은 모습이시다.

차담을 나누고 저녁공양 후 저녁예불과 지장보살님께 108참회 절을 한 뒤 가족을 골굴사에 남겨두고 김 법사님과 보림선원으로 향했다.

1시간을 차로 달려 보림선원에 도착하니 김 관장님, 양 관장님, 김 거사님이 연무를 하고 계신다. 부처님께 삼배의 예를 한 후 봉, 도, 언월도 순으로 2시간 동안 반복연무를 하고 있으니 허주 큰스님께서 나오신다. 수행하던 우리를 불러 세워 허주 큰스님께서 말씀하신다.

"당분간은 다른 병기는 가져오지 마시고 언월도 하나만 가져 오세요. 저번에 배운 것을 천천히 연무들 해 보세요."

"매일 100번씩 연무들 하고 계시죠? 하루도 쉬지 말고 열심히 하서야 되요!" 하시며, "수 받을 준비!" 하자 나와 김 법사님, 양 관장님 셋이 공손히 90도 고개를 숙이며, "가르침 받겠습니다!" 하고 예를 한 후 연무에 들어갔다.

오늘도 허주 큰스님께서 한수를 정성껏 지도를 해 주시고 좌수로 반복하라고 말씀하신 뒤 다음 수를 우리에게 지도해 주시려고 홀로 법당 앞에서 반복연무를 하고 계신다. 그리고 향 세 개를 불사르시고 마당 가운데 탑 주위를 시계방향으로 두 손으로 향을 든 손을 이마까지 올리시고 정성껏 5바퀴를 돈 후 향을 꽂으신다.

잠시 후 김 거사님이 배를 갈아 만든 음료를 들고 와 휴식시간임을 알린다. 다시 1시간을 연무를 더 한 후 부처님과 큰스님에게 예를 한 후 연무를 마치고 허주 큰스님은 방으로 들어가시고 남은 대중들 모두 공양간에서 떡볶이와 김 거사님이 고향에서 가져온 밤을 쪄서 먹으며 웃음이 끊어질 줄 모르는 정겨운 시간을 보냈다.

차를 타고 김 법사님과 골굴사 일주문 밖에 다다르니 늦은 밤 2시다. 일주문 밖에다 차를 세워두고 별을 바라보며 김 법사님과 도담을 나누다가 새벽예불을 보러 법당으로 향했다. 골굴사에는 아침예불을 안 나가면 3000배 참회 절을 해야 하고 골굴사 전 대중이 하루공양을 못 하는 규칙이 있다. 그 때문에 2시간을 자고 일어날 자신이 없어서 아예 잠을 안 자기로 하고 일주문 밖에서 밤을 지새운 것이다.

아침공양을 하고 잠시 휴식을 취한 뒤에 선무도 대학에서 김법사님과 사제인 최사범, 이사범과 함께 선무도를 수련했다. 너른 마당에서 허주 큰스님께 배운 병기술을 사제들과 함께 반복해서 연무를 했다. 온몸의 근육이 강하게 살아서 움직인다. 추억이 스며 있는 수련 터, 골굴사에서 옛 맛을 느끼며 보낸 즐거운 휴일이었다.

끊임없이 연무하고 계신다

토요일이다. 점심공양을 가볍게 한 뒤에 아내를 퀼트 가게에 데려다 주었다. 아내가 없을 때는 아이들을 보는 것은 어쨌든 내가 할 일이다. 두 시간을 4살배기 큰딸 홍림이와 10개월 된 둘째 우정이를 데리고 놀았다. 일주일에 겨우 하루를 함께 보낸다. 짧은 시간을 곁에 있지만 아이들이 커가는 모습이 마냥 신비하다. 행복이 이런 것 아니겠는가. 아내가 돌아와서 함께 외식을 한 후에, 나는 다시 경주로 향했다.

겨울이 가까이 오고 있는지 낮이 짧아졌다. 고속도로에는 벌써 어둠이 내려 있다. 보림선원에 도착하니 부산보다 춥다. 너무 추워서 차 안에 있는 옷은 전부 끼어 입었다. 여름옷에 가을옷을 덧입고 보니 거지꼴처럼 형편없다. 하지만 추운 걸 어쩌랴.

김 관장님, 양 관장님, 김 법사님과 무술연무에 임했다. 김 관장님은 링연무에 여

넘이 없으시고 나와 양 관장님, 김 법사님과 함께 구령 붙여 가며 이제껏 배운 언월도 41단을 처음부터 좌수와 우수를 번갈아 쉬지 않고 반복하니 얼굴에서는 땀이 흐르고 손 전완근은 터질듯 팽창하고 어깨근육 또한 얼얼하다. 두 시간이 흐르자 허주 큰스님께서 나오신다.

허주 큰스님이 말씀하신다.

"최 관장님! 저번 시간에 배운 것을 한번 해 보세요?"

내가 연무하는 것을 묵묵히 바라보며 꼼꼼히 확인 점검을 하신 다음, 흡족한 표정 지으시고 허주 큰스님께서 말씀하신다.

"수 받을 준비!"

우리는 합장 반배의 예를 드리며 큰 소리로 대답한다.

"가르침 받겠습니다!"

허주 큰스님께서는 제자들에게 한 수를 지도해 주시더라도 남다른 정성을 들이신다. 한 수를 지도하신 뒤에 반복연무를 하고 있으라고 말하시고 다음 수를 홀로 연무하시는 애를 쓰신다. 그런 정성을 받을 때는 수를 받는 이도 한 번에 기억하려고 정신을 고도로 집중해야 한다.

더군다나 김 관장님에게 한 시간 동안 링을 지도하시고도, 법당 앞마당에서 권법을 연무하시는데 회갑을 넘기신 나이인데도 스스로 연무하시는 모습에서 말로 표현 못할 큰 가르침을 받는다. 가장 큰 인연중 하나가 스승과 제자의 인연이라고 한다. 허주 큰스님을 모시고 가르침을 받을 수 있는 인연에 감사하는 마음이 넘친다.

손뼉소리가 들린다. 큰스님께서 수련을 마치라는 신호를 보내신 것이다. 잠시 관법명상으로 오늘 배운 수를 반복연무한다. 부처님께 예를 하고 큰스님께도 90도 상체를 숙이며 합장 반배로 예를 드린다. 큰스님은 당신의 처소로 들어가시고 김관장, 양관장, 김법사와 함께 다도를 하며 담소를 나누는 중에 김관장이 말을 한다.

"스승님을 찾아 수련하는 것도 30대 중반의 10년 이상 무술을 수련하는 우리 때가 마지막일거에요. 요즘 젊은 무인들은 무술이 몸과 마음을 닦는 수행이란 생각도 하지 않고 악착같이 열심히 노력하는 것을 보기가 힘들어요."

일주일간 있었던 개인적 수련 현황을 교환하고 다시 일주일 후를 기약했다. 보림선원 상주대중인 김 장관님, 김 거사님을 남기고 양관장님은 포항으로 김법사님과 나는 부산으로 돌아왔다. 오늘도 늦었다. 새벽 2시 10분.

오로지 행으로 연무를 지도하신다

주말 보림선원으로 향하는 고속도로가 용암처럼 넘쳐나는 자동차의 행렬로 장관이다. 쌀쌀한 추위를 느끼며 보림선원에 당도하니 굴뚝으로 하얀 연기가 가득 피어오른다. 일요일 아침마다 창원대 무용과 학생들 10여 명이 연무를 지도 받고 따뜻하게 쉬어갈 수 있도록 김 관장님, 양 관장님과 김 거사님이 빈방을 대나무로 불을 지피며 연무를 하고 계신다. 김 법사님과 큰법당에 계시는 부처님께 공손히 삼배의 예를 올리고 무심히 굴뚝의 연기를 바라본다. 새삼스레 물질세계와는 단절된 전형적인 시골농촌의 평화로운 모습에 심신이 편안하다.

김 법사님, 양 관장님과 함께 서로 구령 붙여 가며 두 시간 정도 이제껏 배운 언월도를 복습연무하고 또한 봉술의 기법과 도의 기법을 언월도에 맞게 연무를 해 보니 너무나 재미있다. 오로지 반복 수련의 묘미에 시간이 가는 줄 모를 정도로 연무를 하고 있으니 허주 큰스님께서 긴 누비 두루마기를 입고 나오신다.

허주 큰스님께서 말씀하신다.

"연습들 많이 하셨죠? 전 시간에 배운 수를 어디 한번 해 보세요."

큰스님 앞에서 연무를 할 때면 배우는 제자의 위치가 이렇게 행복하다는 것을 절실히 느낀다.

언월도를 한 수씩 지도를 받고는 여러 번 반복 수련을 하니 온몸이 묵직하고 병기를 다루는 느낌이 든다. 휴식시간에는 쌀가루와 배를 혼합한 음료를 마시고 다시 반복 수련을 하였다. 큰스님께서는 우리에게 반복연무를 하라고 말씀하신 후 김 관장님께 다가가 링을 지도하신다. 그리고 틈틈이 위 법당마당에서 권법을 연무하시는데 큰스님의 모습에 신심이 난다.

그만하라는 큰스님의 손뼉소리에 모두 모여서 관법명상을 한 뒤 부처님께 삼배의 예를 올리고 큰스님께 차례로 예를 정성껏 올린 후 대중들은 서로 마주보며,

"수고하셨습니다!" 하고 예를 한 뒤 수련을 마쳤다. 대중들은 이제 자연스럽게 공양간으로 향하여서 다도를 함께 하며 일주일 동안 서로에게 있었던 대소사를 환담하며 오붓한 시간을 보낸다. 즐겁고 기쁜 인연이다.

허주 큰스님께 소림쿵푸를 다시 배우며

토요일 아침 이슬비가 내린다.

비가 많이 오면 보림선원 연무에 지장을 줄까 걱정이 된다. 그동안 소림연무를 대전에서 보금자리를 트느라 중단했었다. 하지만 이번 怜嶺壙姑 다시 보림선원에 간다. 대전에서 제자들을 가르치는 일을 이제부터는 1주일에 한 번만 하기로 한 후 부산 금강선원에서 다시 수련지도를 시작하며 주변정리를 한 덕분이다. 온 가족이 함께 차에 올랐다. 자동차도 경차에서 소형차로 바꿨다. 경차를 타고 선원으로 가기 위해 고속도로를 달리다 보면 왠지 불안한 마음이 들었지만 이제는 조금 안정감이 잡힌다. 특히 어린 홍림이, 우정이와 아내가 타고 있는 경우에는 첫째도 안전, 둘째도 안전이기에 이번에 마련한 소형차는 마치 중형 고급차를 새로 산 것처럼 기분이 좋다.

1시간 30분이 걸린 후에야 선원에 도착해서 부처님께 인사하러 법당으로 올라가려니 다실에 앉아 계시던 허주 큰

"온 가족이 무술을 한다. 무림가족이다."

스님께서 반겨주신다.

"어서들 오세요."

5시 30분, 허주 큰스님, 양 관장님, 병근 거사, 홍림, 우정, 미카엘라와 함께 저녁 공양을 했다. 불과 1년 전까지도 저녁 수련만 마치면 바로 부산으로 돌아왔다. 하지만 큰스님께서 일찍 와서 함께 공양하고 잠을 잔 후 이튿날 새벽 수련을 마치고 도량 일을 거든 뒤 점심 공양까지 하고 하산 하라고 하셔서 특별한 일이 아니라면 대중들 모두 큰스님 말씀대로 따르고 있다. 울산 박 관장님이 비가 내려서 그런지 오질 않았고 김시종 거사는 대전 집에 일보러 올라가셨다.

6시 30분, 저녁 예불을 올리고 7시부터 목탁 삼배로 소림무술 연무에 들어갔다. 나는 도로변에서 봉술 연마를 하고 미카엘라는 권법, 양 관장님은 쌍봉, 병근 거사는 장봉 연무를 하고 있다. 홍림이와 우정이도 작은 대나무로 봉을 만들어 주었는데 옆에서 함께 놀면서 곧잘 따라한다.

2시간이 흘렀을까? 우정이가 자꾸 잠이 오는지 보챈다. 큰스님께서 연무에 참석하시는 걸 보고 나는 아내 연무를 도와주려 잠시 경내를 빠져나와서 우정이와 홍림이를 데리고 놀다가 방으로 들어가 그림책을 보며 놀고 있으니 큰스님께서 아내에게 철선을 지도하는 소리가 들린다.

아내가 고맙다. 둘째 우정이를 가지는 바람에 근 3년 이상 연무에 참석하지 못하고 가슴 아파 했는데 드디어 그렇게도 배우고 싶다던 철선을 큰스님께 배우고 있으니 내 비록 아이들을 돌보느라 큰스님께 연무 지도를 받지 못하더라도 조금도 섭섭하지 않다. 30분이 지났을까? 큰스님께서 아내에게 하시는 말씀이 들린다.

"이제 최 관장님과 교대하세요."

아내가 아이들을 보러 들어오고 큰스님의 자비로움을 감사하게 생각하며 밖으로 나와 장봉을 연무하고 있으니 큰스님께서 내게 다가오신다. 장봉을 들고 왼손으로 90도 합장하며 예를 올린다.

"가르침 받겠습니다."

그러자 큰스님께서 물으신다.

"여태껏 배운 장봉 수를 다 기억하고 계세요?"

"예. 형으로 연결시켜서 기억하고 있습니다."

"오늘부터 제자들에게 가르치기 편하게 다시 정립시켜 줄 테니 잘 기억하세요."

내 대답을 들으시고 큰스님께서 이렇게 말씀하시며 연무에 들어가신다.

수련을 마치고 대중들이 모여 차를 마시며 도담을 나눈 뒤 잠을 청했다. 병근 거사의 새벽 도량석 목탁소리에 일어나 새벽 예불에 참석했다.

은은히 들리는 목탁 소리… 큰스님이 치시는 종성 소리… 이렇게 사찰의 하루는 시작되는 것이다. 예불을 마치고 법당에서 좌선한 뒤 포행을 하고 어제 배운 것을 복습 연무한 뒤 아침 공양을 하고 인간극장 촬영 약속 때문에 부산으로 돌아오니 정오가 다 되어간다.

경주 소림금강문에서의 기와 울력

주말에 경주 허주 큰스님께 무술 수업을 받으러 갔다. 울력할 것이 있으니 빨리 들어오라는 김시종 거사의 전화를 어제 받았는지라 일찍 서둘렀지만 점심시간에야 선원에 도착했다. 오늘 보림선원 울력은 양 관장, 병근 거사, 시종 거사와 함께 시골집인 선원의 기와 보수공사를 하는 일이다. 장마가 끝나고 다가오는 무더운 날씨에 그냥 서 있어도 땀은 빗물이 되어 흐른다. 울력하는 모습들을 보니 모두 얼굴이 벌겋게 익었다.

우정이는 진흙으로 몸이 더러워지자 스스로 목욕을 한 후 발가벗은 채 뛰어다닌다. 양 관장과 시종 거사는 지붕 위에서 기와 공사를 하고 나와 병근 거사는 지붕 아래서 황토 흙을 물에 개서 연신 지붕 위로 던져주는 일을 하고 아내는 참을 준비하였다. 오후 울력을 끝내니 노동의 즐거움이 묻어난다. 저녁 공양 시간이

넷째 마당 허주 큰스님과 보림선원

되어 울력을 끝내고 선원으로 돌아와 무심코 방 앞에 있는 신문을 들고 읽으려 하니 시종 거사의 다급한 외침이 들린다.

"최 관장님, 아직 큰스님께서 보시지 않으셨으니 신문 내려놓으시고 저쪽에 있는 어제 날짜 신문 읽으세요."

큰스님이 먼저 보시지 않으면 그 누구도 신문을 읽을 수 없다는 이야기다. 바로 이런 것이 어른을 모시고 사는 예절이라 생각된다. 작은 것 하나라도 먼저 어른의 손을 거친 다음 아랫사람에게 내려와야 질서가 잡히고 어른을 무서워하는 아랫사람의 예절이 자리 잡히며 어른을 공경하는 마음이 체득되기 때문이다. 참으로 잠시 잊고 지냈던 사람 사는 냄새가 느껴지고 나도 모르게 마음이 흐뭇해진다. 단순한 무술 수업만 지도 받고 예절이 없다면 무술은 곧 나와 남을 죽이는 사법이며 삿된 재주가 되는 것이기에 무술 수업은 먼저 사람을 만드는 예절이 선행되어야 하는 것이다. 그런 면에서 나는 큰스님을 존경한다.

아무리 예절 없는 망나니가 들어와도 큰스님의 가르침에 모난 성품들이 제자리를 찾아가는 모습을 내 눈으로 많이 보아 왔기에 나도 제자들을 지도하는 지도자 입장에서 새삼스럽게 큰스님의 가르침을 가슴에 새긴다. 큰스님께서는 제자들을 지도할 때는 사사로운 정에 얽매이지 않으시고 잘못된 언행은 엄격하게 냉정한 판단력으로 호통을 치신다. 처음에는 엄하게 꾸짖으시고 그 다음 단계는 참회 절을 주시며 더 심하면 나이에 관계없이 몽둥이 타작을 하신다. 그래도 말을 듣지 않으면 가차 없이 쫓아내신다. 큰스님께서 제자를 지도하시는 모습을 지켜보는 것만으로 마음이 후련해지고 감동을 많이 받는다.

저녁 소림무술 연무 때 나는 우정이를 보며 아내의 무술 수업을 도와주었다. 먼발치에서 보니 처음으로 큰스님께 쌍봉을 하사받고 기쁨에 겨워 연무하는 아내의 모습이 보인다.

　요즘 들어 나와 가족이 주인공이 되어 KBS2, 다큐미니시리즈 5부작 인간극장〈무림남녀〉〈MBC 토크쇼 임성훈과 함께〉에 출연한 후 유명세를 치렀다. TV에 출연한 뒤에 나도 모르게 마음이 잠시 들떴었다. 하지만 이 들뜬 마음을 착 가라앉고 진실한 무술 수업을 다시 시작해야겠다는 생각이 든다. 현재의 내 수행 단계는 홀로 충분히 헤쳐 나갈 무술 기본기가 되어 있기에 틈틈이 시간 나는 대로 더욱 더 정진해서 외부 경계에 끄달리지 말고 내적 수행으로 들어가야 함을 알기 때문이다.

　한 단계 성숙된 나 자신이 보이는 것은 사람이 살아가며 끝없이 다가오는 고난을 한 단계 넘어섰다는 반증이라 생각된다. 일요일 오전에 금강승 불무도 승단 심사를 준비하고 심사위원을 보는 관계로 부산 집으로 돌아오니 새벽 2시다.

한 단계 밖에서 소림 연무를 바라보니

경주 소림금강문에 가는 주말이다. 언양휴게소에 들러 법당에 올릴 공양미를 사서 선원에 도착하니 오후 4시다. 오후부터는 울력 시간인데 늦게 도착을 하고 말았다. 김시종 거사님은 공양 준비를 하는 중이고 양 관장님과 박 관장님은 새로 구입한 선원 옆 건물에서 도배 울력을 하고 있다.

허주 큰스님의 상수제자로 전남 여수에서 소림무관을 하고 있는 흑호자 관장님이 제자인 목포 관장님과 나주 관장님을 데리고 한 달에 한번 큰스님께 무술 수업을 받으러 오신다. 매번 연무 시간이 항상 엇갈려 근 1년간 소문만 듣다가 이번에 처음으로 얼굴을 보고 통성명을 하였다. 큰스님께 무호를 받은 분이 몇 분 없고 특히 현재까지 변함없이 직접 무관을 열고 제자들을 키워서 분가시킨 제자가 흑호자 관장님 한 분이니 흑호자 관장님이 큰스님의 진정한 제자라 할 수 있다.

처음 뵌 소감은 역시 허주 큰스님의 직계 제자로 손색이 없는 인품을 갖추고 계셨다. 흑호자 관장님은 40대 중반의 나이로 건장한 체격에 겸손하고 소탈한 성품이었으며 목포 관장님은 36세의 건장한 체격을 갖춘 미남자였고 나주 관장님 또한 31살의 나이로 180이 넘는 큰 키에 호남형으로 흑호자 관장님을 근 20년간 모시고 무술 수업을 받은 제자들이니 표현은 안 하셔도 큰스님께서 얼마나 좋아하실지 짐작이 간다.

허주 큰스님께 지도받은 무술인으로서의 예절이 그대로 흑호자 관장님의 직계 제자인 나주와 목포의 두 관장님께 전해져 흑호자 관장님을 대하는 언행에 그대로 나타나는 것이다.

무인이라면 예절이 첫째다. 예절이 없으면 무덕은 자랄 수 없고 폭력만이 자란다. 큰스님을 모시고 무술 수업을 받을 때 큰스님께 나타나는 무덕과 제자를 지도하는 예절은 나를 감동시킨다. 나는 아무리 무술 실력이 출중하더라도 예절이 없는 천 명의 제자를 무인으로 키우기보다는 실력이 조금 부족하더라도 무덕과 예절을 갖춘 한 명의 제자를 원한다.

무술 실력, 무덕, 예절을 모두 겸비한 제자가 한 명만이라도 나와 스승과 제자의 인연이 되어 세상에 나온다면 이것만한 큰 기쁨이 어디에 있겠는가. 제자 하나 잘 키우면 만 명의 제자를 키운 것이나 다름없다고 생각한다.

다음 주부턴 매주 수요일 보림선원에서 큰스님께 무술 수업을 받는다. 큰스님께서 근 두 달 전에 '토요일은 사람이 많아 더욱 세세하게 무술 지도해 주기가 힘드니 수요일 날 시간을 낼 수 없느냐?'고 말씀하셨다. 매주 수요일 대전에 올라가 불무도 가르치는 것을 대전 회원 분들께 자초지종을 설명하고 양해를 구한 뒤 대전 불무도 지도를 매주 일요일 저녁에 하는 것으로 날짜를 바꾸었다.

 엄한 스승님을 스승으로 모시지 못하고 회비를 낸 만큼 자유롭게 무술을 배워온, 나보다 어린 무술인들은 이해를 할 수가 없을 것이다. 제자라면 스승님 말씀에 100% "예!" 하고 받아들여야 하는 것이 절대적인 예절이라는 점을. 스승님이 "이렇게 해라!", "저렇게 해라!" 하면 제자는 오로지 "예!", "그렇게 하겠습니다."라는 말만 필요할 뿐 자기의 사적인 이유를 댈 수 없는 것이 스승님을 모시는 제자의 예절이라는 것을 이해하지 못할 것이다.

 허주 큰스님께 무술 수업을 받으며 나는 오로지 "예!", "큰스님 말씀대로 하겠습니다." 이 말밖에 모른다. 사사로운 나의 사생활로 큰스님 말씀을 가로막고 내 주장을 합리화시킨다면 어찌 스승님을 모시는 제자라 할 수 있겠는가?

 내 영혼을 밝게 하고 심신을 진일보시켜 주시는 덕 높은 스승님을 모시는 것은 사내대장부의 갈 길이고 이것만한 기쁨은 없다고 생각하기에 감히 나를 내세우고 나를 합리화시키는 다른 대답을 할 마음의 여유가 나에겐 없다.

 연무 시간에 맞추어 홍림이와 우정이를 데리고 놀다가 잠이 든 아이들을 차에 태운 채 소림 연무하는 모습을 멀리서 바라보았다. 아내는 큰스님께 철선을 배우고 박 관장님은 장봉술, 흑호자 관장님은 검과 창을 사사받고 목포와 나주의 두 관장님은 언월도를 사사받는다. 특히 언월도를 하는 두 분 관장님의 정성스런 연무는 내가 보아도 힘이 넘치고 잘한다.

　이렇게 잠시 연무를 할 수 없는 상황일 때 다른 분들이 연무하는 모습을 멀리서 바라보니 더욱 더 개인 수련으로 무술 연무를 열심히 해야겠다는 생각이 내 몸과 마음에 전해지면서 엄청난 힘이 솟아난다. 내 차례가 되어 2시간 가까이 선원이 보이는 길가 밖에서 홀로 장봉술과 언월도를 연마하니 온몸에 땀이 흐른다.

울력도 수행이다

 이번 주부터 수요일마다 허주 큰스님께 무술 수업을 받게 되었다. 큰스님께서 사람이 많은 토요일보다 수요일이 더욱 세심하게 많이 가르쳐 주실 수 있다고 하여 연무 시간을 옮겼기 때문이다. 사실 토요일은 포항 양 관장님과 울산 박 관장님 두 분이 연무를 지도받고 한 달에 한번 혹 호자 관장님과 그분의 직계 제자인 목포와 나주의 관장님이 오실 뿐 다른 분은 없다. 하지만 큰스님은 3명을 지도해 주면 연무 시간 관계상 더욱 더 세심하게 개인 무술 수업을 지도하시기가 번거롭다고 하신다.
 이제 연세가 64살이신 스승님이 20대~30대의 젊은 제자들을 한 명씩 돌아가며 1시간이 넘도록 무거운 병기로 개인 전수시키는 모습을 보노라면 저절로 존경심이 든다. 내가 과연 큰스님의 연세가 되어서도 이런 정성으로 무술

"살리는(活) 바탕위에 수행은 시작된다."

지도를 할 수 있을까? 스스로 이렇게 반문해 보면 자신이 없다. 나는 큰스님의 변함없는 현재 언행이야말로 무인이 본받아야 할 모범이라고 생각한다. 나는 큰스님의 언행에서 내가 앞으로 가야 할 길을 보고 배운다.

가족들을 데리고 경주 보림선원에 도착하니 오후 1시다. 다도를 하시는 차인들이 몇 명 오셔서 큰스님을 알현하는 중이고 김시종 거사님이 계신다.

오후 울력 시간이다. 미카엘라는 법당 청소를 하러 갔다. 김 거사님은 공양 준비와 요사채 울력을 하고 나는 이번에 새로 구입한 선원 옆 건물의 안방 구들장 위에 황토를 까는 작업을 하러 갔다.

삽을 들고 집 뒤의 작은 산에 있는 황토를 바구니에 담아 와서 슬레이트 위에 펼치고 나무 뿌리나 쓸모없는 잡된 것을 골라낸 다음 덩어리 흙을 가루로 만들어 물을 붓고 질게 개어서 구들장 위로 날라 방바닥을 평평하게 고르는 일을 했다. 단순한 일이었지만 보기보다는 흙이 많이 들어갔다.

노동의 즐거움! 존경하는 스승님이 머무시는 선원 울력은 신심이 나게 한다. 온몸이 흙투성이고 땀이 옷을 적시지만 왜 이리 기분이 좋은가. 저녁 공양 시간 전에 울력을 마무리 짓고 손을 씻었다.

사람이 살아가면서 먹는 것은 꼭 필요하지만 이곳 허주 큰스님이 계시는 선원의 공양 시간 예절은 나를 감동시킨다. 철저한 유교식 예절로 시작한다. 정확히 5시 30분 전에 공양 준비를 해야 한다는 원칙을 꼭 지켜야 한다. 시간을 지키지 않으면 나태함을 경책하시기 위해 엄한 꾸중이 내린다.

5시 30분, 저녁 공양 시간이라는 목탁이 한번 울린다. 똑 똑 똑 또 르르—르. 온 대중들이 큰스님께서 들어오실 때까지 식탁 앞에서 일보 뒤로 물러서서 차수를 하고 서 있다. 큰스님께서 들어오셔서 가운데 앉으시고 "자, 다 앉으세요." 하고 말씀하시면 앉는다. 큰스님께서 공양을 드시기 전 부처님과 식탁에 올라올 때까지 음식을 만들어준 여러 사람들에게 감사하는 마음으로 합장반배를 할 때 함께 반배를 한다.

큰스님이 수저를 들고 밥을 드시는 것을 본 후에야 수저를 들고 먹는 소리가 나지 않게 먹는다. 큰스님께 꼭 필요한 궁금증이 있으면 "큰스님께 여쭐 말씀이 있습니다." 하며 공양시간에 조심스럽게 질문한다. 큰스님의 공양을 옆에서 바라보며 속도를 조절하며 먹는다. 혹 빨리 먹었으면 큰스님이 다 드실 때까지 기다려야 한다. 큰스님께서 다 드시기 전에 늦게 먹는 사람은 서둘러서 빨리 먹어야 한다. 큰스님께서 합장반배로 공양 시간이 끝났음을 알리는 신호에 따라 공양을 마무리 짓고 큰스님께서 일어나시는 것을 본 후에야 제자들이 일어선다. 큰스님께서 나가시면 돌아가며 설거지와 공양간 청소를 한다.

사람이 살아가며 예절이 없으면 짐승의 세계로 전락한다. 예절이 살아 있으면 사람 살아가는 맛이 있다. 요즘 식탁 예절이 많이 사라지고 음식에 대한 감사의 마음과 어른을 모시는 예절이 없다.

특히 무술에서 예절은 필수다. 예절이 없는 사람이 무술을 하면 자기 자신과 남에게 큰 피해를 줄 수 있기 때문에 예절을 가르쳐야 하며 예절을 가르쳐도 예절을 따르지 않는 제자에게는 굳이 무술을 가르칠 필요가 없으니 무술을 닦으며 도를 함께 닦는 수행인이라면 말해 무엇 하랴!

오늘 아내 미카엘라는 3시간이 넘도록 큰스님께 단독으로 소림 병기의 하나인 철선을 배웠다. 나는 오랜만에 큰스님께 무술 수업을 받겠구나 하는 기쁜 생각으로 한 시간 가량 언월도를 열심히 연무했으나 홍림이와 우정이가 함께 놀자고 하는 바람에 눈물을 머금고 아내가 소림 연무하는 걸 방해받지 않도록 아이들을 돌보아야 했다.

하지만 연무가 끝난 후 신심으로 빛나는 표정으로 방에 들어오는 아내의 상기된 얼굴을 보니 마치 내가 큰스님께 철선을 배운 것처럼 기분이 좋았다. 무술하고 싶은 굴뚝같은 마음을 다잡으며 아이들을 돌보고 남편으로서 아내와의 약속을 지키기 위해 무술 연무를 하지 못하지만 어찌 내면의 성숙이 없겠는가? 이렇게 자비심과 기다림을 배우고, 약속의 소중함을 지키며 아빠와 남편의 책임을 다할 때 더 강한 무사가 돼 가는 것이라고 믿는다.

지금의 모든 것을 사랑하며

수요일은 금강선원이 자유 수련하는 날이고 경주 허주 큰스님께 무술 수업 받는 날이다. 서둘러 아침 겸 점심을 먹고 보림선원에 도착하니 오후 1시. 큰스님께서는 출타 중이시고 김시종 거사님이 오후 울력을 시작하려 준비하고 계신다. 오늘은 방바닥과 문창살 도배 울력이다. 아내는 칼을 들고 지저분한 종이를 제거하고, 나는 한지에 풀을 바르고, 김 거사는 붙이는 일을 나누어서 했다. 홍림이와 우정이는 자유롭게 선원과 동네를 활보하며 놀고 있다.

나도 농촌에서 자연을 벗 삼아 흙을 밟으며 자라서 그런지 몰라도 내 아이들은 흙을 밟고 커야 한다고 생각했는데 일주일에 하루만이라도 마음껏 흙에서 뛰노는 아이들을 보면 그저 감사한 마음뿐이다. 아이들 학습이란 것이 별것인가? 자연의 변화를 있는 그대로 느끼고 체험할 수 있는 것이 진정한 공부이니 시골이 살아 있는

"사랑하는 나의 딸들아, 큰 꿈을 가져라!"

넷째 마당 허주 큰스님과 보림선원

공부를 하는 데는 최상의 조건이라고 생각한다.

가을은 수확의 계절, 이제 논에서 70% 이상 벼를 수확하여 탈곡한 채 아스팔트 위로 말리는 모습과 아직 수확하지 않은 채 논에 누렇게 익어 고개 숙인 벼! 아내는 무술을 배우고 솜털이 보송보송한 아이들은 자연 그대로 살아 있는 생명을 신비롭게 바라보며 순수한 마음에 사진 찍듯 배우고 있으니 아빠로서 모든 농촌 풍경에 감사함을 느낀다.

주말에 선원에서 수련 정진하고 있는 양 관장님은 평소 소원대로 라한봉 기본기를 마치고 저번 주부터 큰스님께 권법을 새롭게 배우고 있다. 박 관장님은 어떤 병기를 배우고 싶으냐는 큰스님의 질문에 라한봉을 배우고 싶다고 답변하여 조만간 라한봉을 새롭게 배울 것 같다는 김 거사님의 이야기를 듣고 내심 부러운 마음이 들다가 혹시 나에게 "무엇을 배우고 싶으냐?"고 물으시면 무어라고 답변할까 하는 즐거운 고민에 빠졌다. "그래도 병기의 큰 줄기인 창을 먼저 배우고 뒷날 검을 사사 받고 싶다고 해야지!" 하고 내심 생각하면서도 한편으로는 "여태껏 배운 것도 아직 소화시키지 못하면서 욕심은?" 하며 스스로를 경책하게 된다. 기본기나 열심히 수련하여 힘을 키우고 한 수라도 완벽히 체득하는 것이 진정한 무인의 길이라 자각하며 스스로를 위로한 뒤 울력을 하였다.

저녁 공양 시간이 되어서야 출타하신 큰스님께서 다기가 가득 든 박스 두 개를 차에 싣고 들어오셨다. 울력을 마무리 한 후 저녁 공양을 하고 저녁 예불을 본 뒤 소림 연무에 들어갔다. 기본기를 좀 하다가 아내에게 다가가 "엄마 놀자!" 하고 어리광을 부리며 소림 연무를 방해하는 아이 둘을 차에 태워 10리쯤 떨어진 구멍가게에 간다. 운 좋으면 두 아이 모두 잠이 들고 운이 나쁘면 작은 아이 우정이라도 잠이 들기에 큰스님께서 미카엘라를 지도하는 것을 보며 차를 끌고 선원을 나섰다. 우정이는 낮에 뛰어놀고 저녁 공양 후 밀려드는 잠을 이기지 못한 채 바로 눈을 감았고 홍림이는 기어코 과자를 사들고 선원에 들어가 공부를 한다.

이제 홍림이는 말을 알아들을 정도로 다 큰 것 같은데 3살인 우정이는 본능대로 움직이는 철모르는 아이이니 부모 없이 몇 시간만이라도 자기 시간을 가질 수 있는 아이로 클 때까지 흐르는 세월을 기다릴 수밖에 없다. 선원 밖 길가에 잠든 우정이를 태운 차를 세워두고 달과 별빛에 의지하여 본격적으로 무술 수련을 하였다.

멀리 아내가 큰스님께 단독으로 권법을 배우고, 장봉을 삼단으로 나눈 삼단봉과 철선을 배우는 모습이 보인다. 마치 양가태극권의 시조 양노선이 진가구에 들어가 진가태극권을 몰래 배우는 것처럼 난 멀리서 큰스님께서 아내를 지도하는 모습을 따라해 보며 틈틈이 기본 장봉과 언월도를 3시간 연무했다. 반복적 수련에서 나타나는 팔과 어깨근육의 팽창감과 미세한 고통을 맛보니 무술 수련의 기쁨이
묻어난다.

아내는 큰스님께 직접 두 시간에서 세 시간씩 무술 특별 개인 지도를 받으며 몸은 땀으로 범벅이 되고 기진맥진하면서도 눈은 반짝 빛나고 얼굴에는 함박웃음이 가득하다. 아이들을 보는 약속을 지키느라 큰스님께 소림 무술 수업을 받지 못한 남편을 위해 아내가 큰스님의 무술을 다시 정성껏 전수해 줄 때는 너무나 사랑스럽고 대견하다.

무술이란 많이 배워도 스스로 터득하지 못하면 아무런 소용이 없다. 무술 수행에서 중요한 것은 스승님께 전수받은 병기술을 하나라도 완벽하게 체득하여 심신을 강하게 단련시켜서 수행의 근본을 갖추고 언제 어느 상황에서나 내 몸과 주변의 좋은 인연들에게 다가오는 악함을 제압할 수 있는 실력을 키우는 것이다. 나는 이런 무술 철학을 가졌기에 큰스님께 직접 전수받지 못하는 알량한 남자의 자존심과 서운함은 저 멀리 던져버린 지 오래다.

지금은 오로지 큰스님의 무덕과 기법을 충실히 따라서 스스로 자만하지 않고 기본적인 기법을 열심히 연무함으로써 본연의 무술을 익히는 것이 필요하다고 자각할 뿐! 이제 다른 잡다한 망상이 일어나질 않으니 36살이 넘어가는 길목에서 나도 한결 성숙한 느낌이 든다.

요즘 열심히 무술 수련을 하고 있으니 제법 예전의 건강함이 느껴질 정도로 체력이 강해졌음을 느낀다. 밤 11시에 연무를 마치고 잠을 청한 뒤 새벽 예불과 새벽 수련을 하고 아침 공양을 했다. 공양 후에 큰스님께서 부르시기에 가보니 아내에게 다기를 선물하시며 커피 대신 차를 자주 마시고 열심히 연무하라고 하신다.

아내의 얼굴을 보면 마치 소녀처럼 맑게 빛나고 심신에 기쁨이 넘쳐난다. 그토록 바라던 대로 큰스님 같은 무술의 달인을 스승으로 만나 원 없이 무술 수업을 받고 있으니 얼마나 기분이 좋겠는가. 나는 그 기분 안다!

멀리서 바라보면 아내는 기운이 펄펄 나게 무술 수업을 잘하고 있으며 큰스님도 만족하신 표정으로 아내를 제자로서 정성스럽게 지도하시는 것을 느낄 수 있다. 오전 수련을 위해 부산 집에 들러 아내와 아이들을 내려놓고 서둘러 선원으로 돌아오니 오전 9시 40분이다.

메주 만들기

　허주 큰스님께서 계시는 선원에서는 추석 이후 그 다음해 부처님 오신 날까지 비가 오는 날은 한기가 들까 하여 소림연무를 하지 않는다. 그래서 두 주 전 수요일과 저번 주 수요일은 비가 오는 관계로 큰스님께서 계시는 선원에 가지 못하였다.

　이번 주 수요일인 어제 경주로 가려니 또 빗방울이 하나 둘 떨어진다. 왜 수요일만 되면 비가 오나? 야속하다. "그래도 혹시?" 하는 마음으로 연무를 못 하더라도 큰스님을 비롯한 보림선원 식구들 보러 간다고 생각하며 가족들을 차에 태우고 고속도로를 달렸다.

　경주 선원에 도착하니 오후 3시! 오후 1시까지는 와서 울력에 동참해야 하건만 두 시간이나 늦게 선원에 도착했다. 큰스님께서는 출타 중이시고 김시종 거사님은 요사채 마당에서 난로처럼 만든 곳에 솥단지를 걸고 메주를 만들기 위해 콩을 삶고 있었다.

또한 큰스님이 서재로 사용하실 선원 옆 건물이 완전히 수리되었고 밭으로 쓰던 100평의 서재 집 앞마당이 지난 주말에 수련하러 오신 양 관장님, 박 관장님, 흑호자 관장님, 목포 관장님, 나주 관장님께서 연무하기 편할 정도로 완벽히 땅을 골라 놓았다. 그동안 쓰던 요사채 앞마당 대신 서재 마당이 연무장으로 새롭게 태어난 것이다.

나는 콩을 삶고 미카엘라와 김 거사님은 콩을 자루에 담아 발로 밟아 으깨서 사각형의 나무틀에 넣고 지근지근 밟아서 사각형의 메주를 만들었다. 선원 인근 동네에서 재배된 메주콩은 일곱 말이나 되는데 틈틈이 잘 익었나 하고 확인할 겸 먹어보니 너무나 맛있다.

저녁 예불을 본 후 미카엘라는 홀로 소림무술을 연무하러 서재 앞마당으로 가고 나와 아이들, 김 거사님은 공양간 안에서 메주 만들기 울력에 동참했다. 나는 자루에 콩을 넣어 홍림이와 우정이를 번갈아 무등을 태운 뒤 발로 밟으며 콩을 으깨고 김 거사님은 사각 나무틀로 메주를 만드는 일을 분담하였는데 아내가 연무 끝나는 밤 11시까지 일을 마무리 짓느라 다리가 얼얼할 정도로 힘이 들었다.

큰스님께서 삼일 동안 천천히 하라는 메주 만들기 울력을 김 거사님이 수요일마다 우리 가족이 연무하러 오는 기회를 백분 살려서 이틀 만에 끝내려는 욕심이 앞섰던 것이다. 사찰에서 오래 살다 보면 자연스럽게 터득되는 것이 절일이다. 절일이란 절대 서둘러서는 안 된다는 것을 큰스님도 아시고 나 또한 잘 안다. 하지만 이제 절집 생활 3년에 접어든 김 거사님의 마음에 와 닿기란 쉽지 않을 것이다.

매일 혼자 큰스님을 모시고 정진하면서 홀로 하기 힘든 울력은 뒤로 미루었다가 토요일과 수요일 일주일에 두 번 다른 지방에서 대중들이 큰스님께 무술을 배우러 오는 날 함께 울력하려는 김 거사님의 마음을 나는 십분 이해한다. 그만큼 큰스님 모시고 수행하기가 힘이 들기 때문에 묵묵히 큰 서원을 품은 채 선원에서 정진하고 있는 거사님을 보면 처음 선원에서 보았을 때보다 지금은 수행의 힘으로 심신이 새롭게 바뀌어 있음을 알 수 있다.

어른이든 아이든 누구나 조화가 깨진 삶에 지친 이들은 불법 수행을 하면 모든 것이 빠르게 변한다. 끊임없이 심신에 녹 나 있는 못된 습관들이 수행의 힘으로 깨끗이 떨어져 나가기 때문이다. 특히 심신을 광명으로 이끌 만한 존경받는 큰스님을 모시고 수행하는 사람이라면 말해서 무엇 하랴!

옆에서 지켜본 바로는 하루가 다르게 환골탈태되어 심신이 변하지 않으면 고된 수행 생활을 버티지 못하고 스스로 걸어 나가든지 큰스님께 강제로 쫓겨나는 경우가 많다. 오랜 과거 생에 복을 많이 짓고 선근을 심은 자만이 존경받는 스승님을 모시고 힘든 역경을 이겨낸 후 정법 수행을 할 수 있는 것이다.

김시종 거사님은 화엄대사로부터 허주 큰스님께 전법되고 있는 중국 황궁 다도를 배우기 위해 31살이 넘은 나이에 선원에 와서 큰스님과 사제의 인연을 맺었다. 하지만 큰스님에게 본격적인 다도를 전수받기 위해 근 2년 반을 선원에서 공양주 노릇과 절 허드렛일을 감수하여야 했다. 2년 반 동안 큰스님께서 당신의 다도를 전수받을 수 있는 재목인지 세심하게 여러 가지를 점검하신 탓이다.

누구나 눈 밝은 스승님과 인연을 맺을 수는 있지만 사제의 인연을 오래 이끌어 가는 것은 아니다. 제자로서 절대적인 하심과 고도의 인내력이 따라주지 못하면 근본적인 수행 길은 가지 못하고 도중에 그만두어 더 이상 스승님과의 인연 끈을 이어가지 못하는 것이다. 특히 스승과 제자의 인연은 전적으로 스승에게 권한이 있다. 다시 말하면 제자는 스승이 선택하는 것이니 이 얼마나 힘든 일인가.

　김 거사님도 처음 6개월간 선원에서 모질게 수행하며 큰스님께 다도 수업을 받으리라 생각했지만 막상 힘든 선원 생활에 부딪쳐도 제대로 전수를 받지 못하자 번뇌가 들끓었다. 그러나 1년만 더, 또 다시 6개월 더, 2년만 더 참자는 독한 마음이 오르고 2년 반이 흘러도 큰스님에게 다도를 제대로 전수받지 못하자 포기하고픈 마음은 사라지고 "내 기어코 이곳에서 죽더라고 큰스님의 다도를 배우고 말겠다!"는 용심이 일어났다고 말한다. 바로 이런 마음이 되어야 초심 수행을 할 수 있는 기틀이 생기는 셈이다. 이런 간절한 마음이 부처님께 통했던지 2년 반이 지나자 큰스님께서 이제부터는 매일 다도 수업을 할 터이니 열심히 배우라는 허락이 떨어져서 얼굴이 환하게 핀 것이다.

　보림선원에는 고양이 두 마리가 있다. 1년 전 중간 정도 자란 고양이 한 마리가 수세식 화장실에 빠진 일이 있었다. 김시종 거사님이 똥에 범벅이 되어 허우적거리는 고양이를 변기에서 꺼낸 뒤 인공호흡으로 살려냈는데 변 독 때문에 3시간 만에 죽어버려서 가슴이 아팠다고 한다. 사찰에서 수행하다 보면 하찮은 생명이라도 함부로 대하지 않고 생명을 존중하고 정성을 다하는 모습에서 나는 많은 것을 배운다.

　허주 큰스님께서 계시는 선원은 공양주 보살님도 없고 그 흔한 난방 보일러나 세탁기도 없다. 수행자는 청빈과 부지런함이 우선이요, 잘 먹고 편한 생활을 하면 게을러진다는 큰스님의 가르침이 있기에 옛날 그대로 손수 방에 불 때고 손으로 빨래하고 손수 밥 지어 먹는다.

　아내는 무술 수업을 받고 나는 매주 울력을 하는 사이 초겨울 선원의 밤은 깊어가고 있었다. 휴식 시간에 홍림이가 없어져서 들어오질 않아

'잠시 어디 갔나?' 하고 찾아보니 새로운 연무장에서 엄마가 큰스님께 봉술 지도 받는 것을 서재 마루에 앉아서 보고 있다. 홍림이와 우정이는 지금 자신도 모르게 무술, 불교, 큰스님과 인연이 맺어져 있다. 아이들 가르침이 별것인가? 난 어린 아이들에게 어린이집부터 시작해서 여러 가지 학원 교습을 보내어 정신적인 공황을 만들기보다는 맹자 어머니 교육법을 지향한다. 어린 맹자처럼 눈으로 보고 귀로 듣다 보면 아이는 자신도 모르는 사이에 바르게 커서 성현의 반열에 오르는 것이 바른 교육법이라 생각하기 때문이다.

수행록을 회향하면서

오랜 세월을 선(善)과 악(惡)이란 극한 대립 속에서 살아오다 보니 수많은 번뇌가 갈등이 되어 나를 지배했다. 내 앞에 보이는 모든 것을 내가 무시 이래로 세뇌당해 오던 습관을 기준으로 굳이 나눔으로써 스스로 우물 안 개구리가 되어버린 것이다.

난 지금도 생각한다. 그리고 회광반조(回光反照)한다.

내가 만약 무술을 만나지 못했다면? 내가 만약 부처님의 가르침을 만나지 못했다면? 내가 만약 현대물리학을 만나지 못했다면? 내가 만약 무덕을 갖춘 무술 명인을 스승님으로 모시지 못했다면… 지금의 내 모습은 어떤 길을 가고 있을까?

살아 있는 것이든, 죽어 있는 것이든 순간순간 카멜레온처럼 다르게 다가오는 것이 변하지 않는 진리라고 나는 믿는다.

사람은 생각에 따라 악인(惡人)으로 바뀌기도 하고 선인(善人)으로 바뀌기도 하는 것이니 어디에다 기준을 잡을 것인가? 시대 흐름을 따라 생활 풍습이 제각각 변하는 것이 사람 살아가는 사회 기준이니 사회의 옳고 그릇된 법을 어디에 기준 잡을 것인가?

    이런 원초적 방황에서 난 종교를 만났고 그 가운데 동서고금을 살다간 성인과 현인의 가르침을 탐구하면서 정신적으로 사색하고 고뇌하면서 스스로 앞으로 살아가야 할 삶의 확고한 기준을 찾아서 나만의 길을 달려왔다고 생각한다.

    지구라는 작은 행성에는 무수히 많은 생명체가 서로 공존하면서 같은 시간에 호흡을 하며 살아간다. 이처럼 아름답고 신비한 지구라는 하나의 거대한 생명체 안에는 무수히 많은 종류의 생명들이 먹고 먹히는 먹이사슬 법칙으로 생사를 넘나들며 수많은 이야기를 잉태한 채 신비롭게 살아가고 있는 것이다.

    좋은 스승이 있는가 하면 나쁜 스승도 존재한다. 좋은 스승님은 삶을 풍요롭게 하고 제자의 영적 진화를 시켜주는 원동력이 되며 세상을 광명으로 감싸는 행복한 인연을 만든다. 나쁜 스승은 삶을 황폐하게 만들고 제자의 심신을 병들게 하며 세상을 고통으로 바라보게 하는 인연을 만든다.

하지만 무술과 정신 수행을 통해 심신이 강건하게 바뀌면 자기 인생에서 다가오는 희로애락의 결정체를 통해 고차원적이고 무한한 인간 능력의 세계에 들어갈 수 있는 강력한 힘을 스스로 발휘한다.

고전물리학처럼 절대 불변의 법칙 속에서 종속된 운명론이 아닌 현대 물리학의 양자역학처럼 마음먹은 대로 다가오는 운명에 귀속되지 않고 자신이 주인이 되는 창조적이고 진취적인 삶으로 바꿀 수 있는 힘이 생긴다.

나처럼 젊은 날을 근원적 삶의 정체성에 대한 고민으로 헤매는 후배들이여!

마음에 성인의 가르침을 기준으로 자기에게 맞는 큰 서원을 세우라. 무술을 통해 몸을 단련하여 몸과 마음과 호흡의 조화를 통해 힘을 키우라. 그리하여 자신이 주인이 되어 어떠한 고난이 오더라도 참고 견디는 인내력을 키워서 자기가 가야 할 길로 당당히 나아가라.